Giochi di sponda
Una collezione di vetro contemporaneo
Double Act
A contemporary glass collection

Marsilio Arte

L'Istituto Veneto di Scienze, Lettere ed Arti ospita nella sede di Palazzo Loredan in Campo Santo Stefano a Venezia, dall'8 ottobre al 10 dicembre 2022, l'esposizione *Giochi di sponda*.

Il palazzo, sede dell'Istituto dal 1892, conserva nelle sale del piano nobile una straordinaria biblioteca di oltre centomila volumi, pervenuti per la maggior parte attraverso l'attività di scambio con le principali istituzioni accademiche internazionali e attraverso lasciti e donazioni. Tra questi la biblioteca di Luigi Luzzatti, riguardante soprattutto studi economici, storici, filosofici e religiosi, e quella dei fratelli Angelo e Serafino Minich, su temi di storia della medicina e matematica. In questo luogo, ricco di sapere e di bellezza, viene presentato il corpus di 146 opere in vetro realizzate da 54 artisti dagli anni Cinquanta a oggi e collezionate con passione e sapienza tra il 1990 e il 2020.

L'esposizione sottolinea l'interesse coltivato dall'Istituto fin dalle origini, e in particolare dal 2004, per il vetro artistico muranese quale principale patrimonio, materiale e immateriale, della città di Venezia.

The Istituto Veneto di Scienze, Lettere ed Arti is hosting the exhibition *Double Act* at Palazzo Loredan in Campo Santo Stefano in Venice, from 8 October to 10 December 2022.

The palazzo, the Institute's headquarters since 1892, preserves an extraordinary library of over 100,000 volumes in the rooms on the *piano nobile*, most of them received as exchanges with major international academic institutions or as bequests and donations. They include the library of Luigi Luzzatti, mainly concerned with economic, historical, philosophical and religious studies, and that of the brothers Angelo and Serafino Minich, dealing with themes in the history of medicine and mathematics. This place, rich in knowledge and beauty, is the setting for the collection of 146 works in glass created by 54 artists from the 1950s to the present and chosen with passion and wisdom between 1990 and 2020.

This exhibition highlights the interest, cultivated by the Institute from its origins, and especially since 2004, in Murano glass as a significant material and intangible heritage of the city of Venice.

Giochi di sponda
Una collezione di vetro
contemporaneo

Double Act
A contemporary
glass collection

Mostra / Exhibition

In collaborazione con /
In conjunction with
**Istituto Veneto di Scienze,
Lettere ed Arti**

Palazzo Loredan,
Venezia / Venice
8 ottobre / October -
10 dicembre /
December 2022

Progetto e mostra
a cura di / Project
and exhibition curated by
Caterina Tognon

Organizzazione /
Organization
**Caterina Tognon
Arte Contemporanea,
Venezia / Venice**

Assistenti / Assistants
**Francesca Rocchi
Isabella Vincenti**

Progetto di allestimento /
Exhibition layout
**Gabriele Pimpini
Ida Santisi**

Immagine coordinata /
Coordinated image
studio Leonardo Sonnoli

Accoglienza e guardiania /
Reception and security
**Unicooper Servizi s.c.r.l.
Biennale Services**

Trasporti e assistenza
allestimento / Transport
and assistance with set-up
MTEC Italia

La mostra è realizzata grazie
al supporto di / The exhibition
has been produced thanks to
the support of

IstitutoVeneto
diScienzeLettere
edArti

e / and

CATERINA TOGNON
arte contemporanea

Un ringraziamento
particolare a /
Special thanks to
gli artisti della galleria /
the artists of the gallery,
Roberto Marossi
e / and
Andrea Rinaldo,
presidente / president
il Consiglio di Presidenza /
the Council of the Presidency
Giovanna Palandri,
cancelliera / chancellor
Istituto Veneto di Scienze,
Lettere ed Arti

Catalogo / Catalogue

Catalogo a cura di /
Catalogue edited by
**Caterina Tognon
Arte Contemporanea,
Venezia / Venice**

Testi / Texts
**Serena Coloni
Caterina Tognon**

Cura redazionale /
Editing
Francesca Rocchi

Progetto grafico /
Graphic design
**Leonardo Sonnoli
Irene Bacchi**
con / with
Maria Cecilia Cirillo

Redazione /
Copy-editing
Riccardo Dirindin

Traduzioni / Translations
Richard Sadleir

Serena Coloni   6   **Giochi di sponda**
            8   **Double act**

Caterina Tognon   10   **Servizio vincente**
            26   **Ace**

32   **Boemia: scultura in vetro
/ Bohemia: glass sculpture**

64   **Europa: centri di ricerca per il vetro nell'arte
/ Europe: research centers for glass in art**

130   **Murano: Artisti & Maestri
/ Murano: Artists & Masters**

252   **America e Australia: il movimento Studio Glass
/ America and Australia: the Studio Glass movement**

310   **Regesto delle opere
/ List of works**

Giochi di sponda
Serena Coloni

Collezione: raccolta di oggetti della stessa specie, di valore, curiosi, o comunque interessanti, anche se solo soggettivamente. Così lo Zingarelli, e mi sembra divertente che nella chiusa – "anche se solo soggettivamente" – ci sia il senso vero e profondo di ogni collezione!

Ho cominciato a comperare "oggetti in vetro" quando ero proprio una ragazzina: a Trieste, la mia città, c'è una zona – si chiama Cavana – dietro a piazza della Borsa dove si andavano ad acquistare, e a vendere, soprattutto vecchi libri e oggetti strani, antichi o solo vecchi, di cui allora – e parlo della metà/fine anni Cinquanta – ci si voleva disfare per far posto a una modernità incalzante. Io lì trovavo i "bicchieri souvenir" che mi affascinavano molto.

Erano dei bicchieri di vetro trasparenti con la decalcomania del luogo in cui erano stati acquistati, di solito località termali o di villeggiatura. Alcuni, più preziosi, erano dipinti, ma i soggetti erano sempre gli stessi: la decalcomania o il disegno e sotto il nome della località.

I luoghi rappresentati erano quasi sempre tedeschi o austriaci: erano oggetti garbati e gentili a vedersi. Avevo forse tredici o quattordici anni. Mi piacevano per come erano decorati e per i luoghi che raffiguravano. Costavano poco e allora se ne trovavano facilmente.

Così è nata la mia prima collezione, che conservo ancora e che ho continuato ad arricchire: è stato come un desiderio di mantenere un legame con la mia città, che molto amo e che ho lasciato, sposandomi e andando ad abitare a Milano.

Caso volle che allora, giovane moglie e madre, vivessi in una casa in cui, a pian terreno, c'era il negozio di due gentilissime signore che commerciavano in oggetti di modernariato e di vetro. Fu lì che feci i miei primi acquisti seri: comperai tre vasi francesi di inizio Novecento che trovavo bellissimi e che mi piacciono ancora molto.

Le signore hanno poi spostato il negozio in altra zona (dove è stato fino a un po' di anni fa), e io mi sono fatta più audace e ho cominciato a frequentare le aste. Finarte e Brerarte erano allora molto attive: io comperavo i vetri di Daum e tentavo di contenderli a un giovanissimo Philippe Daverio, che aveva una disponibilità superiore alla mia e non mi lasciava molte possibilità di acquisto.

Così ho proseguito incuriosendomi ai piccoli vasi millefiori muranesi, che ho ancora e che mi rallegrano con i loro vivaci colori.

Poi è venuto il momento del vetro di Murano del Novecento e ho cominciato a interessarmi al vetro che non fosse solo "vaso" ma riuscisse a darmi sensazioni diverse, con oggetti più nuovi e più scultorei.

È questo che ho chiesto a Caterina quando l'ho conosciuta: era l'inizio degli anni Novanta ed ero andata a una bellissima asta di vetri battuta all'Hotel de Milan, in via Manzoni a Milano.

A ripensarci sembra incredibile ma allora Milano era veramente molto vivace, le proposte erano tante e, cercando attentamente, si potevano trovare cose veramente interessanti.

Io a quell'asta avevo comperato il mio primo vaso di Tagliapietra – che poi ho regalato a uno dei miei figli. Tagliapietra lo conoscevo dai libri e dai giornali ma non sapevo chi fosse il suo mercante.

Caterina – era una ragazzina – mi si avvicinò con fare titubante, mi lasciò il suo biglietto da visita e mi chiese di andare a trovarla nella sua galleria di Bergamo.

"Venga – mi disse – ci sono così pochi collezionisti interessati al contemporaneo".

Io così feci e andai a Bergamo: aveva una bellissima galleria, prima in una piazzetta interna al corso principale, poi vicino all'Accademia Carrara, e i vetri che mi fece vedere mi interessarono molto. Il nostro sodalizio cominciò così…

Double act
Serena Coloni

Collection: a group of accumulated objects of the same nature, valuable, curious, or otherwise interesting, if only subjectively. That is the Zingarelli Italian dictionary's definition, and it strikes me as droll that the close – "if only subjectively" – expresses the true and profound meaning of every collection!

I started buying "glass objects" when I was just a little girl. In Trieste, my hometown, there is a neighborhood – it's called Cavana – behind Piazza della Borsa, where people went to buy and sell mainly books and curios, some antique and others just old. At the time, in the mid-late fifties, people were wanting to get rid of things to make way for modernity, which was pressing. There I first came across "souvenir glasses", which utterly fascinated me.

They were transparent tumblers with a decal of the place where they were purchased, usually a spa or holiday resort. Some, more precious, were painted, but the subjects were always the same: a decal or a pattern and beneath it the name of the locality.

The places depicted were almost always German or Austrian. The objects looked charming and refined. I may have been thirteen or fourteen years old. I liked the way they were decorated and the places they displayed. They were cheap and it was easy to pick them up.

This is how I assembled my first collection, which I still keep and have continued to enrich. It was like a desire to maintain a bond with my town, which I love dearly and I left it by getting married and going to live in Milan.

Chance then had it that, as a young wife and mother, I lived in an apartment block with on the ground floor a shop run by two very kind ladies who traded in modern antiques and glassware. It was there that I made my first serious purchases. I bought three early twentieth-century French vases that I found beautiful and I still

8

prize them. The ladies then moved their shop to a different address (it was still there until a few years ago), and I became bolder and began to attend auctions. Finarte and Brerarte were very active at the time. I used to buy Daum glass, competing against a very young Philippe Daverio, who had a longer purse than mine and left me little chance of outbidding him.

So I continued, becoming intrigued by the small Murano millefiori vases, which I still have and which cheer me with their bright colors.

Then came the phase of twentieth-century Murano glass; and I began to be interested in glass that was not just a "vase" but could convey different feelings, with newer and more sculptural objects.

This is what I asked Caterina for when I met her. It was in the early nineties and I had been at a splendid auction of glass at the Hotel de Milan, in Via Manzoni in Milan.

Looking back it seems incredible but at the time Milan was really very lively. There was a lot on offer and if you looked carefully you could find some very interesting things.

At that auction I'd bought my first vase by Lino Tagliapietra – which I then gave to one of my children. I knew him from books and newspapers but I didn't know who his dealer was.

Caterina – still a girl – came over to me hesitantly, left me her business card and asked me to call on her in her gallery in Bergamo.

"Do come," she said. "There are so few collectors interested in contemporary glass."

So I did and arrived in Bergamo. She had a beautiful gallery, first in a small square off the main street, then close to the Accademia Carrara, and the glass that she showed me was fascinating. This is how our partnership began...

9

Servizio vincente
Caterina Tognon

Quando ho incontrato per la prima volta Serena Coloni non ero proprio una ragazzina, sebbene lei nelle pagine precedenti mi ricordi come tale. Dopo gli studi in architettura a Venezia, avevo lavorato come direttore artistico e commerciale nella fornace veneziana del Maestro Orlando Zennaro, detto Sergio, dove avevo imparato a conoscere la tecnica della soffiatura in tutte le sue complesse varianti. Piano piano avevo maturato la convinzione che il vetro soffiato muranese – artigianato artistico unico al mondo – non fosse più adatto a una produzione di "oggetti d'arte", ambito catturato da tempo dalle emergenti aziende del design italiano, ma che sarebbe diventato un medium straordinario per quegli artisti che avessero voluto dedicarsi, con i Maestri vetrai, alla realizzazione di opere uniche. Così nel 1991 inaugurai, a Bergamo, D'Arte & Divetro, la mia prima galleria dedicata alla ricerca di artisti dediti a conoscere il vetro e a lavorare con questo materiale per le loro opere. Un impegno professionale che mi ha permesso di incontrarne molti, alcuni davvero all'inizio della loro carriera, altri già affermati internazionalmente, e che mi ha regalato grandi amicizie.

Agli inizi degli anni Settanta solo Luciano Vistosi e Paolo Martinuzzi, due muranesi eccezionali, si erano accorti delle diverse e sorprendenti possibilità creative del vetro veneziano. Dal 1952 Luciano Vistosi ricopriva, nell'azienda fondata con il fratello e lo zio, il ruolo di direttore artistico per la progettazione di importanti oggetti di design. Nel 1984 la Vetreria Vistosi cambiò proprietà e Luciano ne approfittò per dedicarsi a tempo pieno alla realizzazione di pezzi unici aprendo a Murano, dietro il duomo, un grande studio-laboratorio per scolpire, con scalpello e martello proprio come con il marmo, grossi blocchi di cristallo, oppure per incidere delicatamente, con la punta di diamante, grandi superfici fluide in vetro soffiato.

Nello stesso periodo, anche Paolo Martinuzzi utilizzava il vetro per opere grafiche e scultoree. La sua è stata una storia di vita difficile: a Murano, dove i linguaggi delle arti visive contemporanee erano pressoché sconosciuti, nessuno comprendeva il suo lavoro. Agli inizi degli anni Ottanta si trasferì allora a Soest, vicino a Dortmund, in Germania, dove l'assessore alla cultura della città gli offrì una casa-studio e la possibilità di lavorare non solo con il vetro ma anche con una rara pietra verde locale. A fine carriera rientrò comunque a Venezia, con l'amarezza di chi non è stato compreso in patria. 1

Entrambi gli artisti rinunciarono all'uso del colore, prepotentemente presente a Murano, per dedicarsi al cristallo o al nero. Li accomunava la volontà di rinnovare l'approccio al medium vetro: non più vasi, piatti, bicchieri, bottiglie..., ma opere che mostrassero tutta la forza espressiva delle contemporanee avanguardie artistiche italiane.

Diverso il percorso del Maestro Lino Tagliapietra, che ho conosciuto nel 1990 e con il quale nel 1994 ho organizzato una piccola mostra presso la Libreria Sovilla di Cortina d'Ampezzo, la sua prima personale in Italia. 2

Lino Tagliapietra ha rappresentato, con la sua grande passione, l'anello di congiunzione tra i grandi Maestri vetrai del Novecento Alfredo Barbini e Archimede Seguso e il movimento artistico International Studio Glass, sorto negli Stati Uniti nel 1968 grazie ad alcuni giovani e volitivi studenti d'arte i quali, fatta esperienza a Murano, si costruirono delle fornaci-studi per lavorare il vetro. Questo movimento artistico chiuderà il suo momento di avanguardia con la prima mostra *Aperto Vetro* a Venezia nel 1996, pur continuando, a tutt'oggi, a produrre opere di grande valore.

Data la mia passione per il vetro e più in generale per la sua isola, in quegli anni ho stretto intensi rapporti con tutti gli artisti che lavoravano a Murano. Il più estroso ed eccentrico era Toni Zuccheri: nelle mie visite al suo studio, nel palazzetto di famiglia a San Vito al Tagliamento, lo trovavo spesso impegnato a "portar fuori" galli, galline, anatre, uccelli di vetro e bronzo perché razzolassero sull'aia! All'imbrunire li faceva rientrare, a uno a uno, per la notte. 3

Yoichi Ohira si trasferisce in Italia dal Giappone nel 1973 per iscriversi al corso di scultura all'Accademia di Belle Arti di Venezia. Nello stesso anno inizia la sua collaborazione

a Murano con la Fucina degli Angeli. Nel 1987 collabora con la muranese Vetreria De Majo disegnando i vetri della collezione *Venezia e l'Oriente*. All'inizio degli anni Novanta anche lui comincia a svolgere la propria attività come artista indipendente, con la Fornace Anfora e con i Maestri vetrai Livio Serena prima, Andrea Zilio poi, e il Maestro molatore Giacomo Barbini. Nel 2000 Yoichi rientra in Giappone: l'allontanarsi da Murano significa per lui ritirarsi completamente da ogni pratica artistica. Quasi per caso, abbiamo saputo che ci ha lasciati nel febbraio di quest'anno. Da artista profondo quale era, si era ritirato dalla scena lavorativa e pubblica con la semplicità e dignità propria dei grandi Maestri vetrai muranesi quando vanno in pensione.

Maria Grazia Rosin e Cristiano Bianchin hanno studiato quasi contemporaneamente all'Accademia di Belle Arti di Venezia e si sono diplomati con Emilio Vedova negli stessi anni in cui io, a Venezia, frequentavo i corsi di architettura allo IUAV. Appena conclusi gli studi, nel 1989 furono invitati a partecipare a un workshop organizzato dalla storica del vetro Rosa Barovier Mentasti e da Lucio De Majo, che metteva a disposizione la sua fornace a giovani artisti. Per entrambi l'esperienza fu per così dire fatale: il vetro sarebbe diventata la loro materia prediletta, Murano la loro casa.

Maria Grazia Rosin ha una fantasia indomita e un occhio unico per i colori. È stata la prima a Murano a usare le paste vitree senza il cristallo, a potenziare i colori con l'argentatura, a riscoprire il bianco imperiale, che nessuna fornace usava più fondere. Le sue forme nascono dalla tradizione e rispettano sempre i limiti delle tecniche di soffiatura, ma sono sorprendentemente nuove, create come per magia dal suo spirito futurista-neopop. Fin dal suo esordio in De Majo, con le bottiglie della serie *Detergens*, soffiate nel 1998 dal Maestro Vittorio Ferro e che simulano i contenitori in plastica di detersivi, le sue opere apparvero insolite, irriverenti, astruse; persino i collezionisti facevano fatica a capirle. Per prima Maria Grazia reinterpretò il tradizionale lampadario veneziano, trasformandolo talvolta in un arlecchino bianco e nero, oppure in un bouquet di fiori equatoriali, o ancora nel famoso *Polipo*, *Folpo* in veneziano, che indossa la mascherina di carnevale oppure porta con sé un ramo di corallo, e magari si accompagna a un moscardino.

All'opposto di Maria Grazia Rosin, Cristiano Bianchin spinse i Maestri vetrai e i Maestri molatori a creare oggetti estremamente semplici e minimali.

Ottenute le forme in vetro, spesso Cristiano Bianchin le ricopre, parzialmente o interamente, con un tessuto lavorato a crochet, come per dissimulare la durezza della superficie vitrea e rendere i volumi morbidi e aerei. Le sue figure nere, rappresentazioni dell'umano, a volte maschio a volte femmina, sono forme mutuate dalla storia dell'arte del Novecento, ma assolutamente inedite nel panorama dell'antica produzione muranese. 4

Nei primi anni Novanta ho conosciuto a Venezia anche Laura e Alessandro de Santillana. In quel preciso decennio entrambi erano impegnati nella ricerca di un personale percorso creativo, sempre partendo dal vetro muranese. Erano la terza generazione della famiglia Venini, come dire "nati in fornace". Trovarono presto una propria identità. Alessandro si appassionò al "vetro cattedrale", prodotto artigianalmente in Germania, e cominciò a intervenire su quelle magnifiche superfici aggiungendo, più spesso sottraendo, piccoli dettagli di colore o di forma. Laura si avvalse sempre del lavoro del Maestro vetraio, lavorando per più di vent'anni con il giovane Simone Cenedese, trasformando e schiacciando semplici soffiati cilindrici fino a renderli bidimensionali, come tele su cui dipingere a caldo con i colori del vetro stesso. Con Laura ho organizzato in galleria una sola, indimenticabile mostra, *Sleeves*, nell'autunno 2016. Laura presentò una nuova, inedita serie di lavori in vetro soffiato, realizzati a Murano e in Boemia, che nascevano, oltre che dalla ricerca che da anni portava avanti sul tema pittorico del colore nel vetro, dalla sua passione per la cultura tradizionale giapponese. 5

Al di fuori dell'ambito veneziano ebbi la fortuna di incontrare Silvia Levenson, una giovane argentina che a Buenos Aires aveva frequentato l'Accademia di Belle Arti ma che, a causa della dittatura, era dovuta fuggire ed emigrare a Vigevano con il marito e i due figli. In Italia a partire dal 1981, Silvia organizzò uno studio per *casting* e vetrofusione dove, autodidatta, si dedicava a lavorare con il vetro – materiale fragile e tagliente – non per mostrarne la bellezza intrinseca, come da sempre si faceva a Murano, ma come metafora dei passaggi dolorosi e della estrema fragilità della vita. In questo percorso creativo di grande attualità, Silvia era sola in Italia, ma i suoi frequenti viaggi in Europa, in America, in Australia e soprattutto in Argentina le facilitarono tanti scambi e contatti con vari artisti del movimento International Studio Glass che lavoravano in direzioni simili alle sue. Trascrivo una nota che Silvia ha preparato per questa pubblicazione:

> Non sono mai stata affascinata dalla potenziale bellezza di questo materiale, bensì dalla sua ambiguità. È un materiale che conosciamo bene: lo usiamo nelle nostre case per proteggerci e isolare, lo usiamo per preservare gli alimenti, ci fidiamo del vetro, dal momento che lo appoggiamo sulle nostre labbra quando beviamo, ma sappiamo che può rompersi in mille pezzi e ferirci. È questa ambiguità che mi affascina ed è presente nelle mie sculture. Ogni mia opera nella collezione di Serena Coloni mi fa pensare agli anni nei quali ho iniziato a esporre, alla collaborazione con Caterina Tognon e, in un certo modo, al nostro anticipare i tempi. L'opera d'arte è uno spazio che l'artista condivide con chi guarda, è come un ponte fra mondi diversi nel quale incrociare sguardi e percezioni. E di più, riguardando le mie opere della collezione di Serena creo una mappa interiore, una sorta di costellazione dove ogni stella mi ricorda chi sono e forse mi aiuta a capire dove sono diretta. 6

Devo alla collaborazione con Serena l'incontro molto importante con Gaetano Pesce, che aveva lavorato al Cirva di Marsiglia per cinque anni, dal 1988 al 1992. Il Centre international de recherche sur le verre et les arts plastiques è una fornace-workshop, un centro di sperimentazione ideato da

Françoise Guichon negli anni Ottanta affinché gli artisti avessero una sede dove sperimentare l'uso del vetro. Già negli anni Settanta Pesce era stato chiamato da Ludovico de Santillana in Venini, ma il suo approccio era stato troppo d'avanguardia e sperimentale, mentre in fornace si ragionava ancora in termini di produzione e non di pezzi unici. Di quell'esperienza a Murano si ricorda l'aneddoto di quando Gaetano chiese alla Venini di produrre una lampada in plastica con la forma di un piatto di spaghetti al pomodoro. Ma la fornace era focalizzata esclusivamente sulla produzione in vetro e non era pensabile prendesse in considerazione altri materiali. Al Cirva Pesce ebbe invece la possibilità per cinque anni di fare qualunque tipo di sperimentazione: vetri stampati su modelli in vetroresina, vetro fuso spruzzato con pistole ad aria compressa, vetri composti di scarti liberamente assemblati, fusioni di vetro ceramico ecc. Produsse un centinaio di prototipi, pezzi unici anche di dimensioni importanti, irripetibili, che tutt'oggi dimostrano la forza della sua ricerca. Una volta terminata questa sperimentazione con il vetro, proprio grazie all'esperienza acquisita al Cirva, Pesce si dedicò a un nuovo progetto, *Fish Design*, utilizzando nella stessa maniera innovativa resine e siliconi.

Per il mio lavoro ho sempre viaggiato molto. A partire dal 1988, appena prima della caduta del muro di Berlino e con tutte le difficoltà di viaggiare nell'Est Europa, mi sono recata varie volte a Praga, e poi in Olanda, Francia, Germania, Inghilterra e Stati Uniti. La Boemia è stato il luogo dove ho imparato di più. Fin dall'inizio del Novecento era l'ambiente più evoluto nel pensare al vetro come medium per la scultura contemporanea. Fondamentale per me è stato l'incontro a Železný Brod con Stanislav Libenský e Jaroslava Brychtová, i quali, con la tecnica della fusione a *casting*, per noi "a stampo aperto", per primi realizzarono in vetro sculture astratte di grandi dimensioni. 9

A Kamenický Šenov ho incontrato René Roubíček e Miluše Roubíčková, i quali, lavorando con i migliori Maestri soffiatori boemi, riuscivano a dare alle loro opere un valore creativo-artistico che va ben oltre la naturale bellezza del vetro soffiato. 7, 8

Grazie all'interesse di Serena ho potuto acquistare *Vase Vasa Vasi* dell'architetto Bořek Šípek, opera composita frutto di una nuova sperimentazione artistica. Šípek, orfano in affido a Roubíček e Roubíčková, già nel 1969 aveva

lasciato la Cecoslovacchia per studiare architettura ad Amburgo e poi filosofia a Stoccarda. Tornato a Praga, negli anni Novanta fu nominato dal presidente Václav Havel "architetto del castello". Tra i suoi mille interessi e impegni professionali fondò anche una fornace nella piccola frazione di Lindava, nel nord della Boemia, con il grande Maestro Petr Novotný.

Vase Vasa Vasi è una serie di opere realizzate nel 1988 in sette nazioni diverse, di quattro continenti, tutte con una lunga tradizione di vetro soffiato: Cecoslovacchia, Francia, Egitto, Giappone, India, Inghilterra e Messico (purtroppo nessuna fornace veneziana si rese allora disponibile a quel progetto). Šípek selezionò piccole vetrerie di grande qualità nell'esecuzione che non conoscessero il suo lavoro. Il suo viaggio cominciò in Egitto, proseguì in Giappone e l'ultima tappa fu il Messico, il tutto in poco più di tre settimane. A ogni tappa, il primo giorno era dedicato alla visita dei musei e della città per trarre ispirazione, il secondo al progetto, il terzo a realizzare il prototipo in fornace. La serie, prodotta in venti esemplari, è stata acquistata da importanti collezionisti privati, ma anche da numerosi musei, tra cui lo Stedelijk Museum di Amsterdam. 11

Seguivo da tempo anche il lavoro di Václav Cigler, ma ci sono voluti dieci anni prima che mi ricevesse nella sua casa-studio, una bella villa novecentesca che era stata l'abitazione di Josef Kaplický, grande artista e suo professore all'Accademia di Belle Arti di Praga. Frequentandoci poi con regolarità abbiamo realizzato delle bellissime esposizioni. Ricordo, in particolare, la sua performance sul Canal Grande a Venezia con una zattera galleggiante dorata, per studiare il rapporto tra le superfici riflettenti e la luce sull'acqua della laguna. È forse l'artista più interessante e profondo che abbia conosciuto. La sua ricerca sulle possibilità tecnico-espressive del cristallo ottico ha aperto nuove strade all'uso del vetro in molteplici ambiti, particolarmente in architettura, anticipando il lavoro dell'artista americano Dan Graham (nato nel 1942 e appena mancato), che per tutta la carriera ha lavorato sul rapporto tra vetro e spazio costruito. 10

Questi artisti dell'allora Cecoslovacchia, dopo i loro studi all'Accademia di Praga, erano costretti a lavorare il vetro per non sottomettersi alla dittatura comunista, che controllava meticolosamente qualsiasi opera d'arte visiva. Il regime infatti temeva la libertà degli artisti e prediligeva la produzione di opere di arte applicata da presentare alle fiere e alle expo internazionali come espressioni dell'artigianato locale, frutto del lavoro di artisti e operai insieme.

Non c'era però soltanto la Boemia. Il vetro interessava gli artisti in molti altri paesi europei. Ad Amsterdam erano molto attivi Richard Meitner e Mieke Groot, molto diversi nel loro lavoro ma assolutamente complementari. 12, 13

Richard Meitner è nato a Philadelphia poco dopo la fine della Seconda guerra mondiale in una famiglia ebrea che era fuggita da Vienna e che si distingueva per importanti studi e ricerche in ambito scientifico. Richard, che sembrava destinato a proseguire la tradizione scientifica di famiglia, dal 1970 al 1972 studia invece arte alla University of California, Berkeley, vivendo l'esperienza di una grande fucina dedicata alle avanguardie. Terminato il primo ciclo di studi, Meitner sceglie di lasciare gli Stati Uniti, nonostante l'importanza delle arti contemporanee in quel paese, per trasferirsi in Europa e venire a contatto con il mondo della classicità. Nel 1972 è ad Amsterdam, dove completa la sua formazione presso la Gerrit Rietveld Academie. Quindi, con Mieke Groot, fonda General Glass, una fornace-studio per la soffiatura del vetro, dove la sperimentazione sarà di casa. Dal 1981 al 2000 dirige, sempre con Groot, The Large Glass Department della Gerrit Rietveld Academie, fondato nel 1969 per sviluppare l'uso del vetro in scultura. Con loro si formano generazioni di giovani che studiano e sperimentano il rapporto tra il vetro e l'arte contemporanea. Una volta in pensione dall'insegnamento accademico, Meitner si dedica a una lunga, seria ricerca teorica sul senso dell'arte e dell'insegnamento nelle accademie d'arte al giorno d'oggi.

La sua prima personale presso la mia galleria D'Arte & Divetro a Bergamo si è svolta nel 2000, ma ci conoscevamo e frequentavamo da tempo. Poche ore prima dell'inaugurazione gli chiesi di parlarmi del suo lavoro e in particolare delle ultime opere, che mi aveva appena portato, nelle quali sulla limpida trasparenza del vetro aveva applicato, a smalto, un'inquietante superficie di ferro arrugginito. Richard mi rispose raccontandomi questo aneddoto: "Un giorno, ero sul treno per andare da Amsterdam a Rotterdam. Il paesaggio olandese è abbastanza uniforme, un susseguirsi di prati e coltivazioni, piccoli villaggi, pascoli con mandrie di mucche e così via. Mi stavo appisolando, quando a un tratto, con la coda dell'occhio, ho intravisto una mucca con sei zampe. Sono pensieri che fai in una frazione di secondo, hai presente? Una mucca con sei zampe! Ho pensato: ma è impossibile! Un attimo dopo, il treno, continuando la sua marcia, mi ha rivelato che la mia mucca anomala erano in realtà due, che appaiate mi avevano dato quello strano effetto".

Negli Stati Uniti, in particolare a Seattle, tra il 1967 e il 1978 Dale Chihuly, Richard Marquis, Toots Zynsky, Danny Lane e altri giovani studenti si costruirono delle fornaci-studi, diventando in un paio di decenni artisti affermati. Erano di rientro da Murano, dove, grazie all'accoglienza di Ludovico de Santillana nella fornace Venini, avevano imparato la millenaria tradizione della soffiatura. Le loro opere, presenti in molti musei americani, pur se realizzate con tecniche antiche, risultano attuali nei significati e moderne nelle dimensioni, nelle forme, nei colori e nell'incrociare altri media.

Ho conosciuto Dale Chihuly a Spoleto nel 1995, quando per il 38° Festival dei Due Mondi fu invitato a esporre un'installazione all'aperto, composta di grandi sfere colorate in vetro soffiato collocate nello spazio antistante all'ex chiesa di San Nicolò (santo patrono dei Maestri vetrai…). Era la sua prima presenza in Italia e per me una grande occasione d'incontro. Serena, con il suo piccolo *Seaform*, qui pubblicato, è stata la prima collezionista italiana di Chihuly, anticipando appena la sua grande esposizione *Chihuly over Venice* del 1996, che lo rese famoso nel nostro paese. 14

Per entrare un poco nella figura "mitica" di Richard Marquis consiglio di andare nel suo sito e di scorrere la sua biografia ("propaganda"): talento innato, grande passione per il lavoro manuale, grande ironia per nascondere una grande timidezza, una vita assolutamente semplice e pauperistica vissuta con la massima intensità. Nel 1998 costruimmo la prima mostra insieme nelle storiche sale del Caffè Florian di Venezia, e ancora ringrazio i proprietari del locale, Daniela e Romano Vedaldi, che ci diedero quella grande opportunità. 15

Nella primavera del 1992 sono andata per la prima volta in Olanda per incontrare Toots Zynsky. Viaggiavo con mio marito Gabriele Pimpini, architetto che ha sempre sostenuto il mio lavoro e partecipato attivamente alla crescita della galleria. Toots in quegli anni, dopo Venezia e Parigi, viveva ad Amsterdam in una fabbrica dismessa. La sua casa-fornace-studio confinava con quella di Meitner da una parte e Groot dall'altra: non un caso, ovviamente. Dopo un paio d'ore insieme, ci chiede di restare a pranzo da lei per una veloce pastasciutta. Io e Gabriele ci guardiamo sconsolati: un'americana, che vive in Olanda e che offre a noi, italiani, una

pastasciutta! Come non bastasse non vediamo fornelli in cucina. Accettiamo l'invito e Toots va a prendere e sposta fisicamente dallo studio alla cucina il gas con i fornelli che, quella mattina, stava usando per filare le canne di vetro. In quattro e quatt'otto prepara degli ottimi spaghetti, perfettamente al dente, conditi con gamberi e asparagi, freschi di mercato! E pensare che in quegli anni in Italia ancora non si usava unire, in una stessa pietanza, il pesce alle verdure. Siamo rimasti senza parole, per scoprire poi che Toots aveva gestito in passato un ristorante e che è un'ottima cuoca, oltre che un'ospite incantevole. I suoi stupefacenti "vasi", oggetti del desiderio per chiunque li incontri, sono opere di pittura astratta, realizzate a *filet de verre* con i mille colori del vetro, che, attraversati dalla luce, hanno una modulazione e un'intensità cromatica superiore alla pittura, alla fotografia e persino alle immagini video. 16

Nel 1991 ho lasciato il mio lavoro in fornace per tornare a Bergamo e aprire la galleria D'Arte & Divetro, dove Serena veniva spesso a trovarmi per conoscere le opere del movimento International Studio Glass, che ci intrigavano molto. Nel 1997 ho aperto una seconda galleria a Venezia e nel 2004 ho ritrasferito tutto il mio lavoro in laguna per incontrare un pubblico internazionale e per essere più vicina a Serena, che viveva tra Piacenza e la stessa Venezia. Il nostro sodalizio si era trasformato in autentica amicizia. Di ritorno dai miei viaggi, piena d'entusiasmo, il primo pensiero era di mostrarle i nuovi lavori. Ne discutevamo a lungo, lei subito si documentava così da avere un proprio pensiero critico. Alla fine, aggiungeva alla sua collezione solo ciò di cui era davvero convinta. Serena ha sempre avuto ben chiaro che nel mondo dell'arte il collezionista ricopre un ruolo fondamentale. Dal 1991 a oggi il mio lavoro è stato un lungo viaggio in sua compagnia. Insieme abbiamo creato una splendida collezione, la sua, e una solida galleria, la mia, uniche a occuparsi di vetro contemporaneo in Italia. Nel tempo ci siamo convinte che la nostra passione per questo tipo di opere non era dettata solo dall'intrinseca bellezza del materiale, ma piuttosto dall'esigenza di cercare conferma al fatto che non esistono arti "maggiori" e arti "minori", ma soltanto un'Arte che è il risultato di un fragile equilibrio tra ideazione e realizzazione, tra un pensiero diffuso, la nostra personalità e un solido e tenace mestiere.

1 Esposizione /
Exhibition
Paolo Martinuzzi,
D'Arte & Divetro,
Bergamo, 1994

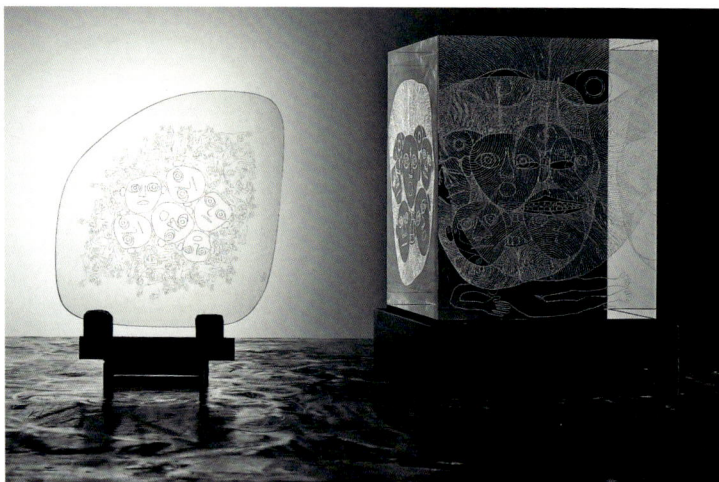

2 Lino Tagliapietra,
Pesce, 1994.
Esposto alla prima
personale dell'artista
in Italia / Exhibited
at the artist's first
solo show in Italy,
Libreria Sovilla, Cortina
d'Ampezzo, 1994

3 Toni Zuccheri,
Albero con nidi, 1999.
Esposto presso /
Exhibited at
D'Arte & Divetro,
Bergamo, 1999

4 Esposizione /
Exhibition
Cristiano Bianchin.
Figure, Gallerie
dell'Accademia,
Venezia / Venice, 2018

5 Esposizione /
Exhibition *Laura de*
Santillana. Sleeves,
Caterina Tognon Arte
Contemporanea,
Venezia / Venice, 2016

6 Silvia Levenson,
Relax Yourself, 2010

7 Miluše Roubíčková,
Hlava, 2009

8 René Roubíček,
Figury, 1980

Esposizione /
Exhibition *Václav
Cigler. Feelers*,
Palazzo Cavalli
Franchetti, Venezia /
Venice, 2007

11 Bořek Šípek, *Czech Vase*, dalla serie / from the series *Vase Vasa Vasi – Seven Vases for Seven Countries*, 1988

12 Richard Meitner,
Beaver, 2000

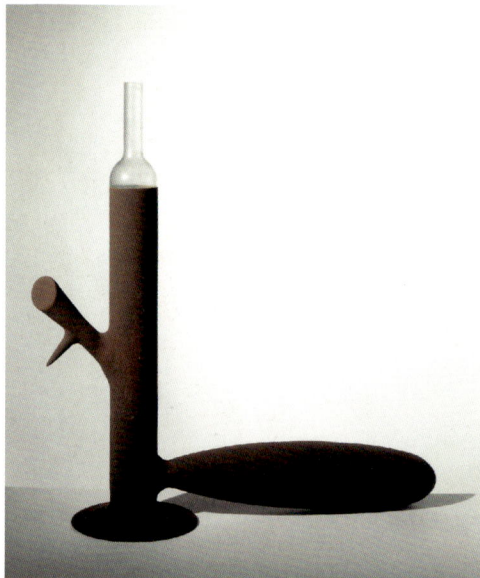

13 Ritratto di / Portrait
of Mieke Groot

14 Dale Chihuly,
installazione presso
l'ex chiesa di /
installation in the
former church of San
Nicolò, Spoleto, in
occasione del / during
the 38° Festival dei
Due Mondi, 1995

15 Esposizione /
Exhibition *Richard
Marquis al Caffè
Florian*, Venezia /
Venice, 1998

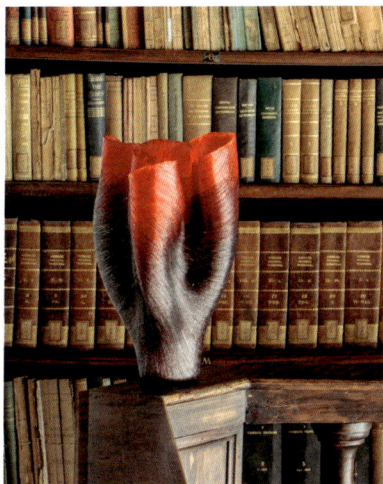

16 Esposizione /
Exhibition *Toots Zynsky*,
Palazzo Loredan,
Istituto Veneto di
Scienze, Lettere ed Arti,
Venezia / Venice, 2014

Ace
Caterina Tognon

When I first met Serena Coloni I was not really such a young woman, although that's the way she remembers me in the previous pages. I studied architecture in Venice and then worked as artistic and commercial director of the Venetian glassworks of Maestro Orlando Zennaro, known as Sergio. There I learned about the glassblowing techniques in all their complex variations. I slowly developed the conviction that Murano blown glass – an artistic craft skill unique worldwide – was no longer suitable for producing "art objects", a field taken over for some time by emerging Italian design companies, but it would become an extraordinary medium for those artists who wanted to devote themselves, with the master glassmakers, to the creation of one-off works. So in Bergamo in 1991 I opened D'Arte & Divetro, my first gallery, where I searched for artists who wanted to understand glass and use it in their works. A professional commitment that led me to meet many of them, some really at the start of their careers, others already internationally established, and which brought me some close friendships.

In the early seventies only Luciano Vistosi and Paolo Martinuzzi, two exceptional Muranesi, had noticed the varied and surprising creative potential of Venetian glass. Since 1952 Luciano Vistosi had held the role of artistic director for the design of important objects in the company founded with his brother and uncle. In 1984 the Vetreria Vistosi changed owners and Luciano took the opportunity to engage full time in creating one-off works by opening a large studio-workshop behind the cathedral in Murano. Here he sculpted big blocks of crystal with chisel and hammer, just as if it was marble, or used diamond-tipped engravers to gently etch large fluid surfaces in blown glass.

In the same period, Paolo Martinuzzi also used glass for graphic and sculptural works. He had a difficult life. In Murano, where the vocabulary of the contemporary visual arts was almost unknown, no one understood his work. In the early eighties he then moved to Soest, near Dortmund, Germany, where the city's councilor for culture offered him a studio-home and the opportunity to work not only with glass but also with a rare local green stone. At the end of his career, however, he returned to Venice, with the bitterness of those who had failed to find understanding at home. [1]

Both artists renounced the use of color, widely present in Murano, to devote themselves to crystal or black glass. They shared the desire to renew the approach to glass as a medium: no more vases, plates, tumblers, bottles, but works that brought out all the expressive power of the contemporary Italian artistic avant-garde.

The master glassmaker Lino Tagliapietra adopted a different approach. I met him in 1990 and with him in 1994 I organized a small exhibition at the Libreria Sovilla at Cortina d'Ampezzo, his first solo show in Italy. 2

With his passion, Lino Tagliapietra was the link between the great master glassmakers of the twentieth century, Alfredo Barbini and Archimede Seguso, and the International Studio Glass art movement, founded in the United States in 1968 by some young and purposeful art students who, having gained experience in Murano, built furnace-studios to work with glass themselves. This art movement completed its avant-garde phase with the first exhibition *Aperto Vetro* in Venice in 1996, while continuing to produce works of great value to the present.

Given my passion for glass and more generally its island Murano, in those years I formed close ties with all the artists who worked there. The imaginative and eccentric was Toni Zuccheri. On my visits to his studio, in his substantial family home at San Vito al Tagliamento, I often found him busy taking out roosters, chickens, ducks and birds made of glass and bronze to scratch in the farmyard! And when dusk fell he would take them back inside, one by one, for the night. 3

Yoichi Ohira moved to Italy from Japan in 1973 to enroll in the sculpture course at the Beaux Arts Academy in Venice. In the same year he began his collaboration in Murano with the Fucina degli Angeli. In 1987 he worked with the Murano Vetreria De Majo,

designing the glass of the *Venezia e l'Oriente* collection. In the early nineties he also began to work as an independent artist, with the Fornace Anfora and the master glassmakers Livio Serena, first, and then Andrea Zilio, as well as the master glass grinder Giacomo Barbini. In 2000 Yoichi returned to Japan. To him leaving Murano meant withdrawing completely from all artistic practices. Almost by chance, we learned that he passed away in February of this year. As the profound artist that he was, he had withdrawn from work and the public scene with the simplicity and dignity of the great Murano masters when they retire.

Maria Grazia Rosin and Cristiano Bianchin studied at almost the same time at the Beaux Arts Academy in Venice and graduated with Emilio Vedova in the same years as I was attending architecture courses at the IUAV in Venice. As soon as they finished their studies, in 1989 they were invited to take part in a workshop organized by the glass historian Rosa Barovier Mentasti and Lucio De Majo, who made his furnace available to six young artists. For both of them the experience shaped their destiny, so to speak: glass would become their favorite material, Murano their home.

Maria Grazia Rosin has an indomitable fantasy and an eye for colors that is unique. She was the first in Murano to use glass pastes without crystal, to enhance the colors with silvering, to rediscover imperial white, when no furnace worked with it any more. The forms she creates are born from tradition and always respect the limits of the blowing techniques, but they are surprisingly new, created as if by magic in a Futurist-Neo-Pop spirit. Since her debut at De Majo, with the bottles in the *Detergens* series, blown in 1998 by the master glassmaker Vittorio Ferro simulating the plastic containers of detergents, her works appear unusual, irreverent, abstruse. Even collectors struggle to understand them. Maria Grazia was the first to reinterpret the traditional Venetian chandelier, sometimes transforming it into a black and white harlequin or a bouquet of equatorial flowers, or even in the famous *Polipo* (or *Folpo* in Venetian dialect), who wears a carnival mask or carries a coral branch, and maybe accompanies a curled octopus.

In contrast to Maria Grazia Rosin, Cristiano Bianchin pressed the master glassmakers and glass grinders to create extremely simple and minimalist objects.

Once the glass forms have been created,

Cristiano Bianchin often covers them, partly or completely, with a crochet-worked fabric as if to disguise the hardness of the glass surface and make the volumes soft and airy. His black figures, representations of the human, sometimes male and sometimes female, are forms borrowed from the history of twentieth-century art, but absolutely unprecedented in the panorama of production on Murano. 4

In the early nineties I also met Laura and Alessandro de Santillana in Venice. In that decade both were busy searching for their own personal creative path, always starting from Murano glass. They were the third generation of the Venini family, meaning they were practically born in the glassworks. They soon found their own identity. Alessandro became passionate about "cathedral glass" handcrafted in Germany, and began to interact on those magnificent surfaces by adding, or more often deducting, small details of color or form. Laura made use of the skills of a master glassmaker, working for more than twenty years with the young Simone Cenedese, transforming and crushing simple cylindrical blown vases to make them two-dimensional, as if they were canvases on which to paint with the colors of the hot glass itself. With Laura I organized a single, unforgettable exhibition, *Sleeves*, at the gallery in autumn 2016. Laura presented an original series of blown glass works, made in Murano and Bohemia. They stemmed from the research she had been conducting for years on the pictorial theme of color as well as her passion for traditional Japanese culture. 5

Outside the Venetian sphere I had the good fortune to meet Silvia Levenson. She was a young Argentine creative who had attended the Beaux Arts Academy in Buenos Aires but she had fled from the dictatorship, emigrating to Vigevano with her husband and two children. In Italy in 1981, Silvia set up a studio for glass casting and fusion. Here, self-taught, she dedicated herself to working with glass – a sharp and brittle material – not to show off its intrinsic beauty, as has always been done in Murano, but as a metaphor for the painful passages and extreme frailty of life. In this very timely creative path, Silvia was alone in Italy, but her frequent trips to Europe, America, Australia and especially Argentina facilitated many exchanges and contacts with various artists of the International Studio Glass movement, who were working along the same lines. I will transcribe a note that Silvia has prepared for this publication:

I have never been fascinated by the potential beauty of this material, but by its ambiguity. It is a material very familiar to us. We use it in our homes to protect and isolate ourselves; we use it to preserve food, we trust glass, since we raise it to our lips when we drink, but we know that it can shatter into a thousand slivers and hurt us. It is this ambiguity that fascinates me and is present in my sculptures. Each of my works in Serena's collection makes me think of the years when I first exhibited, the collaboration with Caterina Tognon and, in a way, I remember that we were ahead of the times. The work of art is a space that the artist shares with the viewer. It's like a bridge between different worlds, where glances and perceptions cross. And even more: looking at my works in the collection I create an inner map, a sort of constellation where each star reminds me of who I am and perhaps helps me understand where I am headed. 6

My collaboration with Serena brought me the very important meeting with Gaetano Pesce, who had been working for Cirva in Marseille for five years, from 1988 to 1992. The Centre International de Recherche sur le Verre et les Arts Plastiques is a furnace-workshop, an experimental center devised by Françoise Guichon in the eighties, to give artists a place to experiment with glass. Already in the 1970s, Pesce had been called to Venini by Ludovico de Santillana, but his approach had been too avant-garde and experimental, while at the glassworks they still reasoned in terms of production and not one-off pieces. Of that experience in Murano I remember the anecdote of when Gaetano asked Venini to produce a lamp in plastic in the form of a dish of spaghetti with tomato sauce. But the glassworks was focused exclusively on glass production and thinking in terms of other materials was beyond it. At Cirva, Pesce had the opportunity for five years to do all sorts of experiments: glass printed on fiberglass models, molten glass sprayed with compressed air guns, glass composed of freely assembled waste, ceramic glass castings etc. He produced a hundred prototypes, one-off pieces, some of significant dimensions, unrepeatable, which still demonstrate the strength of his research. Once these experiments with glass were done, thanks to the experience gained at Cirva, Pesce devoted himself to a new project, *Fish Design*, using resins and silicones in innovative ways.

For my work I have always traveled widely. In 1988, just before the fall of the Berlin Wall and with all the difficulties of traveling in Eastern Europe, I visited Prague, the first of several visits, and then Holland, France, Germany, England and the United States. Bohemia was the place where I learned the most. Since the early twentieth century it had been the most highly evolved center in thinking of glass as a medium for contemporary sculpture. A fundamental experience was my meeting at Železný Brod with Stanislav Libenský and Jaroslava Brychtová, who used glass casting, or the "open mold" technique, as we call it, being the first to create large abstract sculptures in glass. 9

At Kamenický Šenov I met René Roubíček and Miluše Roubíčková. Working with the finest Bohemian master glassblowers, they succeeded in giving their works a creative-artistic value going far beyond the natural beauty of blown glass. 7, 8

Thanks to Serena's interest, I was able to buy *Vase Vasa Vasi* by the architect Bořek Šípek, a composite work that was the outcome of a great idea. Šípek, the foster son of Roubíček and Roubíčková, had left Czechoslovakia earlier, in 1969, to study architecture in Hamburg and then philosophy in Stuttgart. Back in Prague, in the nineties President Václav Havel appointed him "architect of the Castle". Among his many interests and professional commitments he also established a furnace in the little village of Lindava, in the north of Bohemia, with the great master glassmaker Petr Novotný.

Vase Vasa Vasi is a series of works made in 1988 in seven different countries, from four continents, all with a long tradition of blown glass: Czechoslovakia, France, Egypt, Japan, India, England and Mexico. Unfortunately, no Venetian furnace was then available for the project. Šípek selected small glassworks capable of very high quality execution that did not already know his work. His journey began in Egypt, then took him to Japan, and his last stop was Mexico, all in just over three weeks. On each leg of the journey, the first day would be spent visiting the museums and the city to draw inspiration, the second devising the project, the third creating the prototype in the furnace. The series, produced in an edition of twenty, has been purchased by important private collectors as well as numerous museums, including the Stedelijk Museum in Amsterdam. 11

I had also been following Václav Cigler's work for a long time, but it took ten years before he received me in his home-studio, a beautiful twentieth-century villa that had been the home of Josef Kaplický, a great artist and his teacher at the Beaux Arts Academy in Prague. Then seeing each other regularly, we produced some beautiful exhibitions. I remember, in particular, his performance on the Grand Canal in Venice with a gilded floating raft, studying the relations between reflective surfaces and light on the water of the lagoon. He is perhaps the most interesting and profound artist I have ever known. His research into the technical-expressive possibilities of optical crystal has opened up new approaches and the use of glass in many areas, particularly in architecture, anticipating the work of the American artist Dan Graham, who throughout his career worked on the relationship between glass and built space (born in 1942, he died recently). 10

These artists from what was

Czechoslovakia at the time, after their studies at the Prague Academy, decided to work with glass to avoid submitting to the communist dictatorship, which meticulously controlled all works of art. The regime was afraid of the freedom of artists, preferring the production of collective handicrafts that could be presented at international fairs and exhibited as examples of local craftsmanship, the result of the efforts of artists and workers in collaboration.

But there was more than just Bohemia. Glass interested artists in many other European countries. Richard Meitner and Mieke Groot were very active in Amsterdam. Both were represented by my gallery and great friends, very different in their work but absolutely complementary. 12, 13

Richard Meitner was born in Philadelphia shortly after the end of World War II into a Jewish family that had fled Vienna. Its members have distinguished themselves for important studies and their research work in the sciences. Richard seemed destined to continue the family tradition, but from 1970 to 1972 studied art at the University of California, Berkeley, where many leaders of the American Studio Glass movement trained and where he gained experience in a great seedbed of the avant-garde. After completing his first cycle of studies, Meitner decided to leave the United States, despite the importance of contemporary arts in that country. He moved to Europe, where he came into contact with classical art. In 1972 he was in Amsterdam, where he completed his training at the Gerrit Rietveld Academie. Then, with Mieke Groot, he organized General Glass, a glassblowing studio-furnace, a center for experimentation. From 1981 to 2000 he directed, again with

Groot, The Large Glass Department of the Gerrit Rietveld Academie, founded in 1969 to develop the use of glass in sculpture. They trained two generations of young people who studied and experimented with the relationship between glass and contemporary art. After retiring from academic teaching, Meitner devoted himself to a long, serious theoretical research project on the meaning of art and teaching in the academy today.

His first solo show at my gallery D'Arte & Divetro in Bergamo took place in 2000, but we had known and frequented each other for some time. A few hours before the inauguration I asked him to tell me about his work and in particular his latest works, which he had just brought to me in Bergamo. In them he had applied a disquieting rusty iron surface to the clear transparency of the glass. Richard replied by telling me this anecdote: "One day, I was on the train from Amsterdam to Rotterdam. The Dutch landscape is uniform, a succession of meadows and tillage, small villages, pastures with herds of cows and so on. I was dozing off, when suddenly, out of the corner of my eye, I caught a glimpse of a cow with six legs. These are thoughts you have in a split second, you know? A six-legged cow! I thought, it's impossible! A moment later the train's progress showed that my abnormal cow was actually two cows which created that odd effect."

Between 1967 and 1978, in the United States, in Seattle in particular, Dale Chihuly, Richard Marquis, Toots Zynsky, Danny Lane and other young students built themselves furnace-studios. This happened on their return from Murano, where Ludovico de Santillana had welcomed them to the Venini furnace and they had studied the ancient tradition of glass blowing. Within a couple of decades they became established artists. Their works, present in many American museums, although created using ancient techniques, embody contemporary meanings and are modern in their dimensions, forms, colors and combinations with other media.

I met Dale Chihuly in Spoleto in 1995, when he was invited to the 38th Festival dei Due Mondi to exhibit an outdoor installation consisting of large colored blown-glass spheres placed in the space before the former church of San Nicolò (by chance the patron saint of master glassmakers). It was his first visit to Italy and a great opportunity for me to meet him. Serena, with her small *Seaform*, published in this book, was Chihuly's first Italian collector, just anticipating his great exhibition *Chihuly over Venice* in 1996, which made him famous in Italy too. 14

To enter a little into the acclaimed figure of Richard Marquis I recommend going to his site and scrolling through his biography ("propaganda"): innate talent, an immense passion for manual work, great irony concealing great shyness, an absolutely simple and pauperistic life lived with the utmost intensity. In 1998 we constructed the first exhibition together in the historic premises of the Caffè Florian in Venice, and again I thank the owners of the restaurant, Daniela and Romano Vedaldi, who gave us that great opportunity. 15

In the spring of 1992 I went to the Netherlands for the first time to meet Toots Zynsky. I was traveling with my husband Gabriele Pimpini, an architect who has always supported my work and actively participated in the gallery's growth. In those years, after Venice and Paris, Toots was living in Amsterdam in a former factory. Her studio-home bordered Meitner's on one side and Groot's on the other, naturally not by chance. We spent a couple of hours together and she asked us to stay for lunch with her and have a quick dish of pasta. Gabriele and I looked at each other disconsolately: an American, one living in Holland moreover, offering us Italians pasta! As if that were not enough, we didn't see a stove in the kitchen. We accepted the invitation and Toots went to the studio and fetched the four-burner gas cooker she had been using earlier that morning to spin glass rods. In next to no time she had rustled up a dish of excellent spaghetti, perfectly al dente, seasoned with shrimp and asparagus fresh from the market! And to think that in those years in Italy it was still not customary to combine fish and vegetables in the same dish. We were blown away, only to discover that Toots had run a restaurant in the past and she's a great cook, as well as a lovely hostess. Toots's amazing "vases", objects of desire for anyone who sees them, are actually works of abstract painting, made from *filet de verre* in the colors of glass with the light falling through them, which has a modulation and a chromatic intensity much greater than any painting, print, photograph, or even video image. 16

In 1991 I left Venice to return to Bergamo and opened the D'Arte & Divetro gallery. Serena often came to visit me here and learn about the works of the International Studio Glass movement, which intrigued us greatly. In 1997 I opened a second gallery in Venice and in 2004 I transferred all my work back there to meet an international public and be closer to Serena, who lived in Piacenza and Venice itself. Our partnership grew into an authentic friendship. Returning from my travels, filled with enthusiasm, my first thought was to show her the new works I had procured. We would discuss them at length and she would immediately get up to speed and form her own critical opinion. In the end, she added to her collection only the things she really believed in. Serena has always been clear that in the art world the collector plays a fundamental role. From 1991 to the present my work has been a long journey in her company. Together we have created a splendid collection, hers, and a solid gallery, mine, both alone in dealing with contemporary glass in Italy in difficult years. We have come to the conviction that our passion for this type of work is not dictated just by the sheer beauty of the material, but rather by the need to seek to confirm the fact that there are no "major" and "minor" arts, only an Art that is the product of a fragile balance between conception and fulfilment, between a broad conception, our individual personality and solid and tenacious craft skills.

Boemia

...scultura in vetro

Bohemia
. . glass sculpture

Stanislav Libenský & Jaroslava Brychtová

Table Laid for a Bride
1986

Stanislav Libenský & Jaroslava Brychtová

Head with Square Eye
1986

Stanislav Libenský & Jaroslava Brychtová

Imprint of an Angel II (maquette)
1996

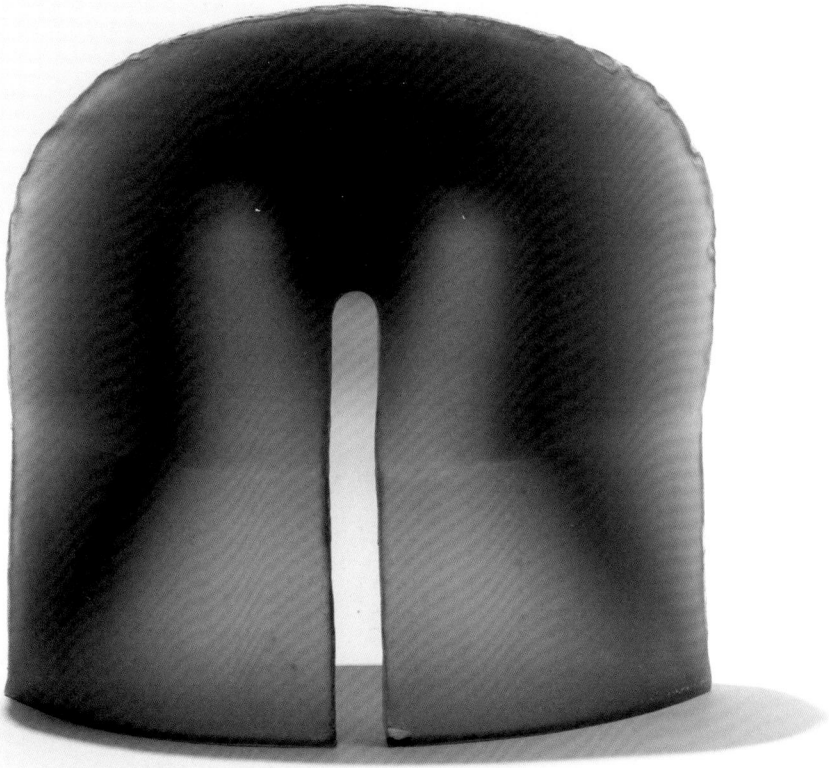

Ivan Mareš

Klubko / Rope Egg
1997

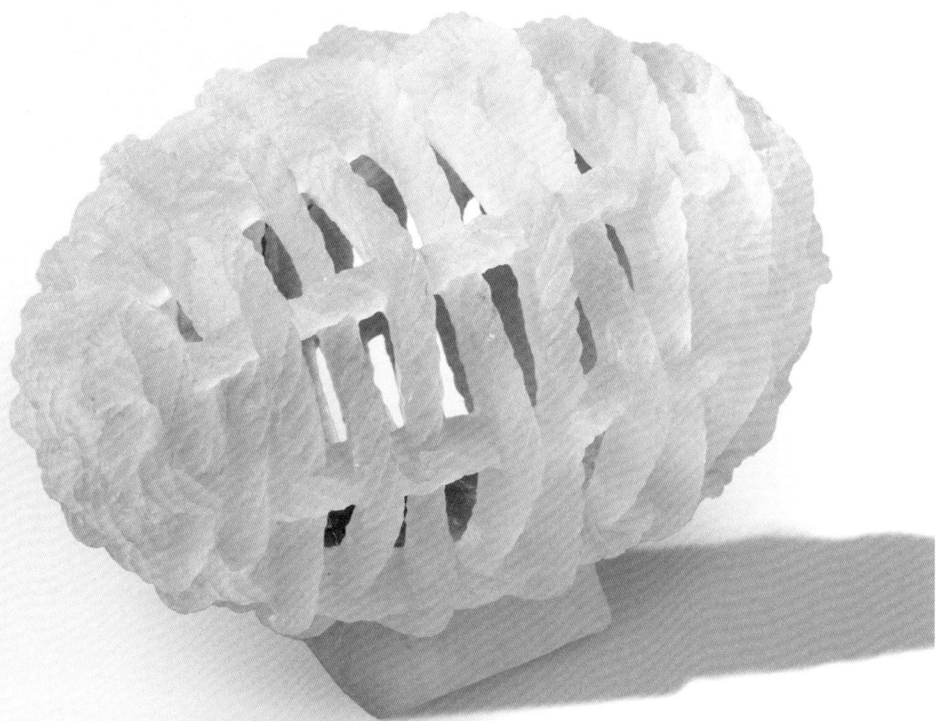

Gizela Šabóková

Blue Torso
2000

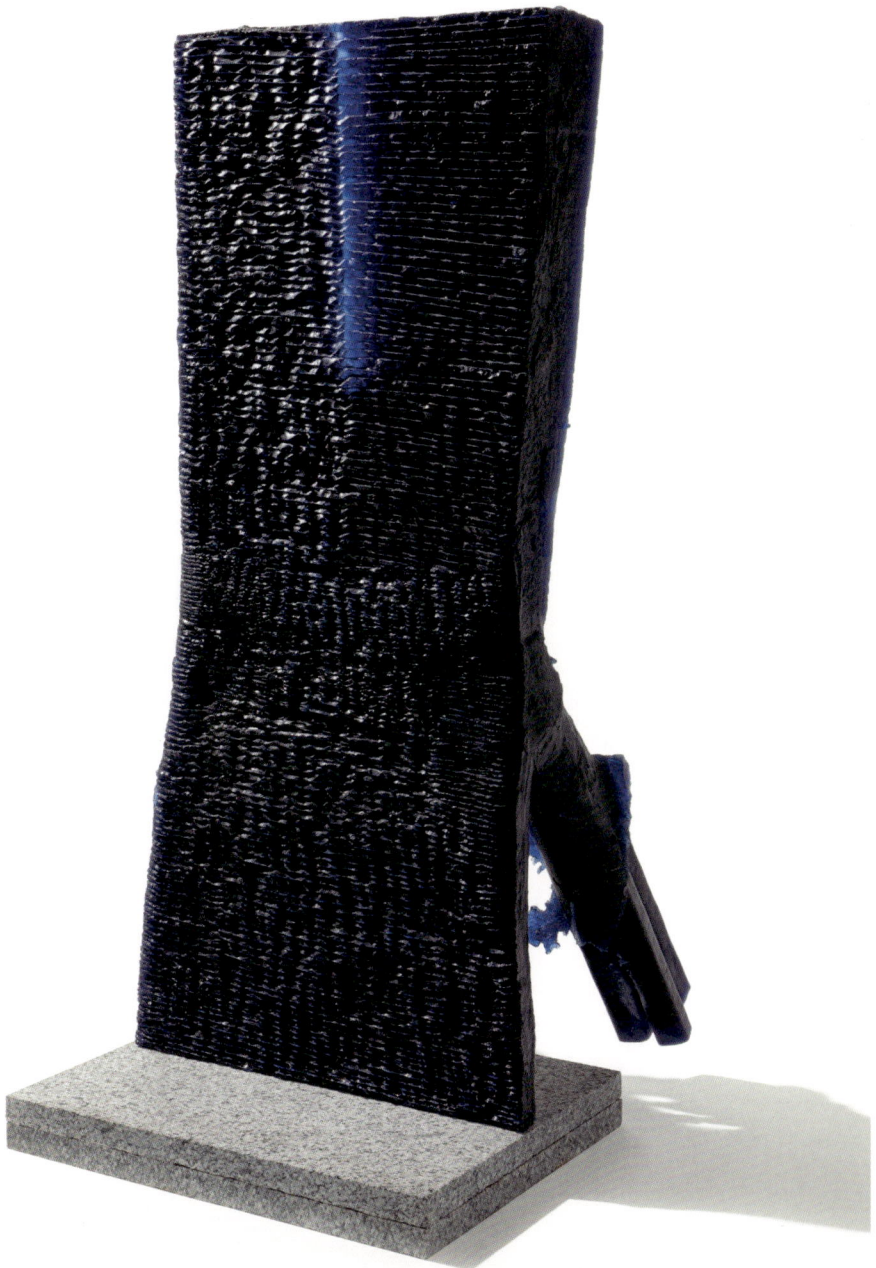

Václav Cigler

Balance
1996

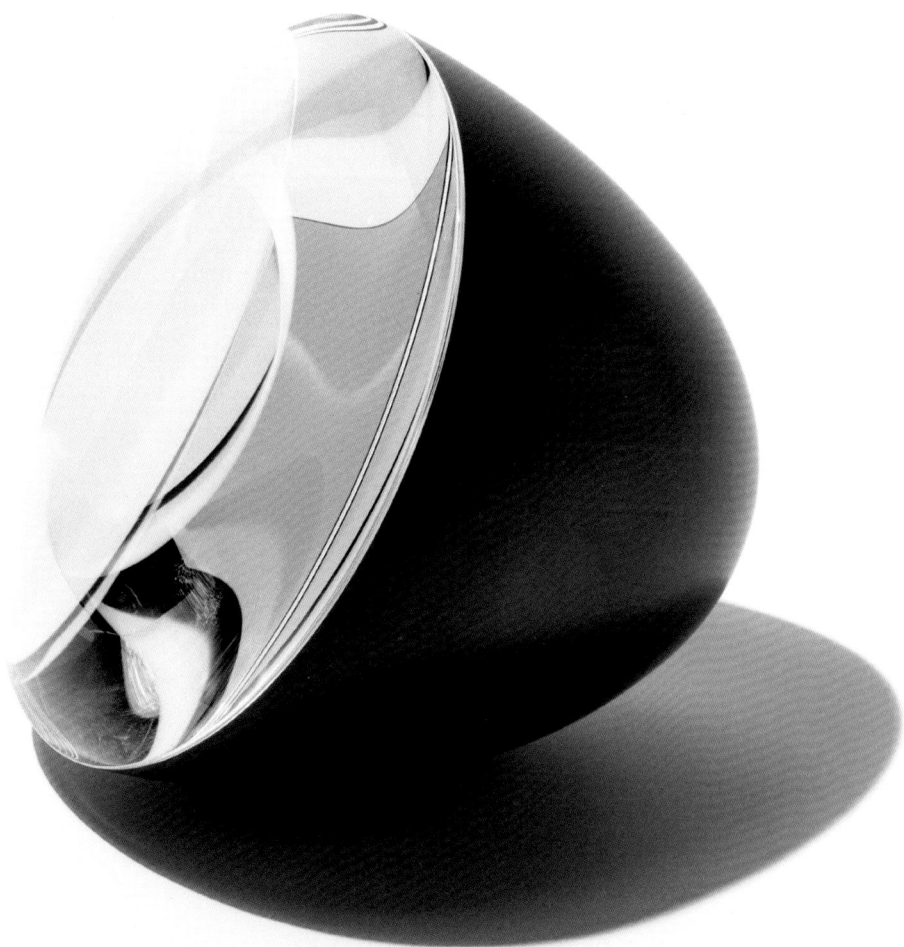

René Roubíček

Masivní Plastika
1964

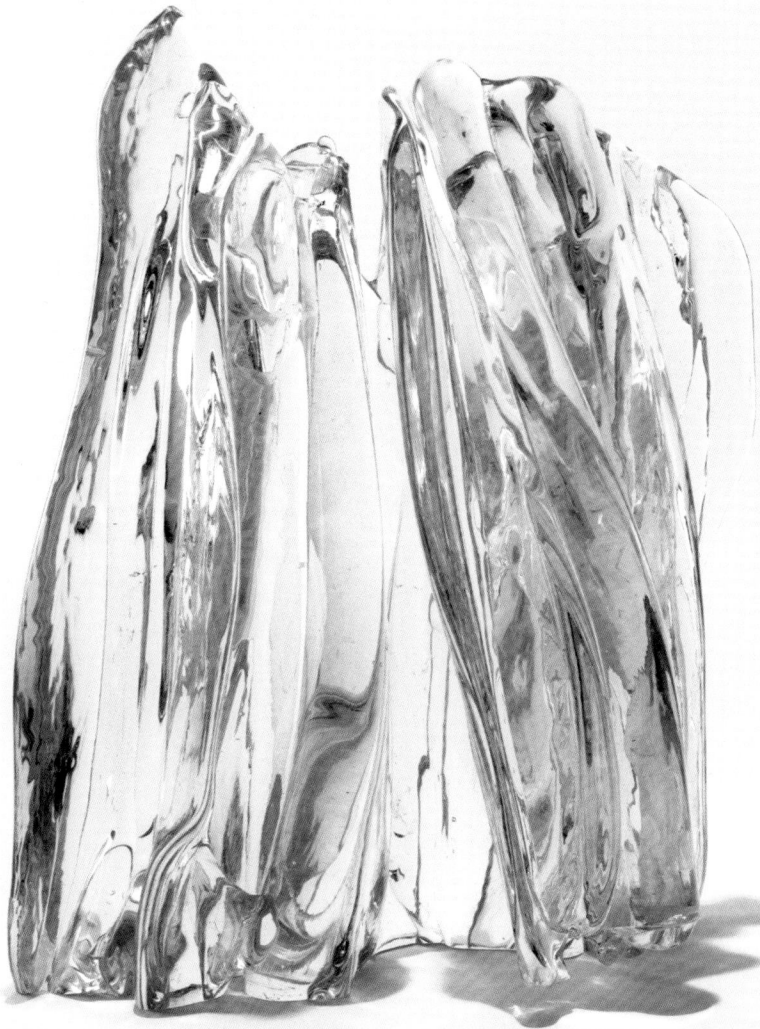

Miluše Roubíčková

Senza titolo / Untitled
1987

Bořek Šípek

Czech Vase
1988

Bořek Šípek

Egypt Vase
1988

Bořek Šípek

England Vase
1988

Bořek Šípek

France Vase
1988

Bořek Šípek

India Vase
1988

Bořek Šípek

Japan Vase
1988

Bořek Šípek

Mexico Vase
1988

Europa

. . . centri
di ricerca
per il vetro
nell'arte

Europe

... research centers for glass in art

Marie Aimée Grimaldi

L'absence des ambassadeurs
1999

Jana Sterbak

Portrait Olfactif
2004

Hanneke Fokkelman

Senza titolo / Untitled
1997

Tessa Clegg

Transition I
2002

Danny Lane

Senza titolo / Untitled
1991

Mieke Groot

Senza titolo (Mattoni neri) /
Untitled (Black Bricks)
1992

Mieke Groot

Senza titolo / Untitled
1995

Mieke Groot

Senza titolo / Untitled
1994

Mieke Groot

Terrazzo alla veneziana
1997

Leopard
1997

Mieke Groot

Senza titolo / Untitled
1998

Mieke Groot

Senza titolo / Untitled
2002

Richard Meitner

And a Day!
1997

Richard Meitner

Senza titolo / Untitled
1999

Richard Meitner

Mr. P.H. (Mister Potato Head)
2000

Richard Meitner

And the Air Rushing Past
2018

Edward Leibovitz

Senza titolo / Untitled
1996

Bertil Vallien

Senza titolo / Untitled
1996

Daniela Schönbächler

Anima
1998

Gaetano Pesce

L'Hollandaise, n. 115
1989

Gaetano Pesce

Sans titre
1988-1992

Gaetano Pesce

Sans titre, n. 1
1988-1992

Gaetano Pesce

Este
1988-1992

Joan Crous

Senza titolo / Untitled
1999

Alessandro Cadamuro

Il Mio Vetrocuore
1996

Silvia Levenson

Libro de adioses
1996

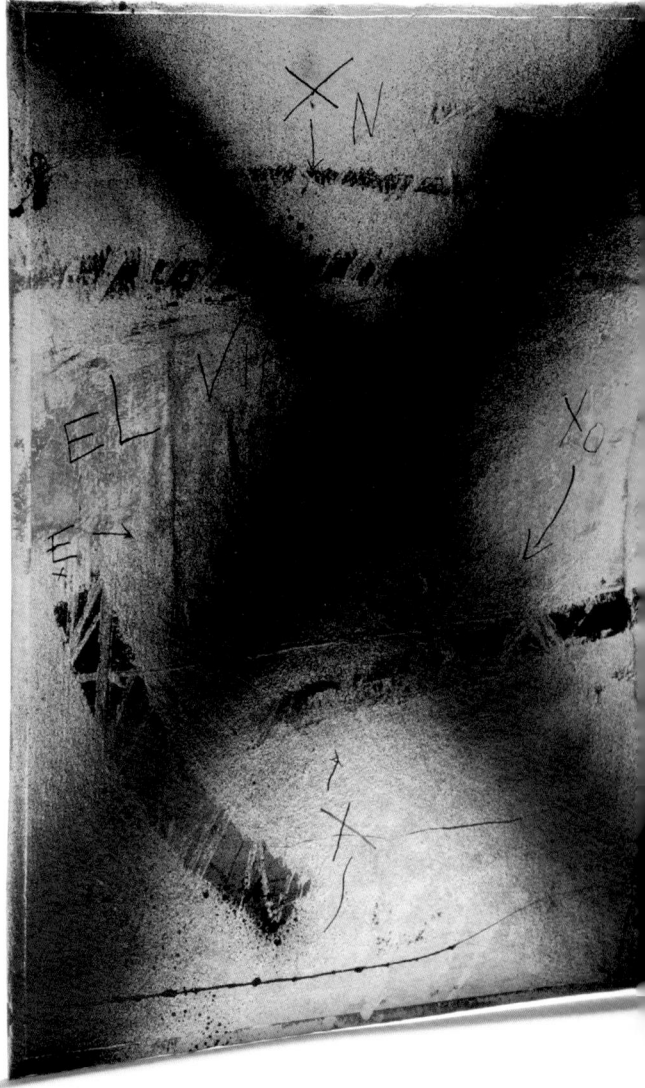

Silvia Levenson

Una ragazza ordinata
1996

Silvia Levenson

Rosabella
1999

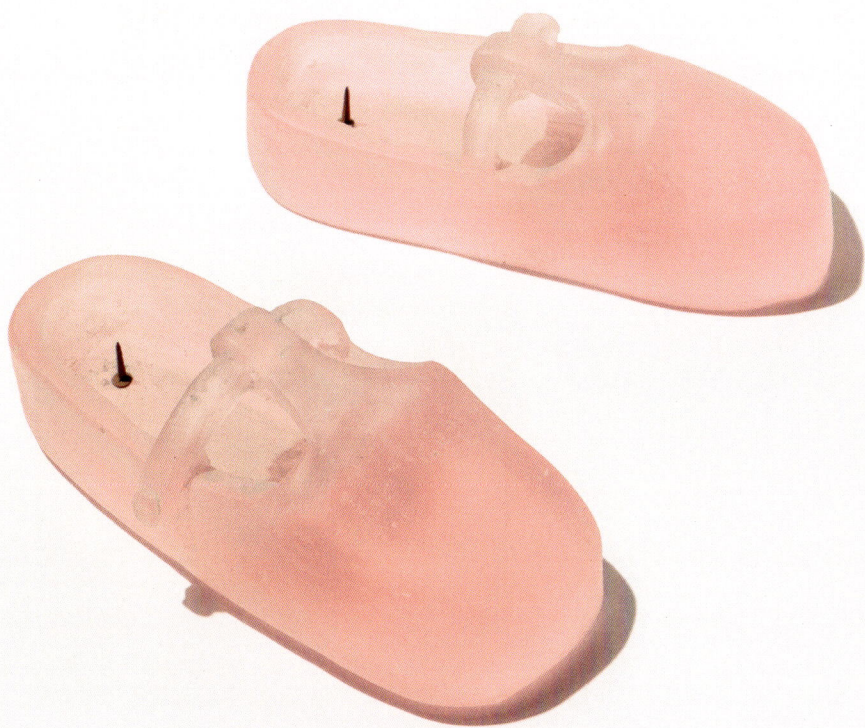

Silvia Levenson

Tutti seduti
2003

Silvia Levenson

Garden for Life
2007

Lilla Tabasso

Alchechengi
2017

Lilla Tabasso

Papaveri
2017

Murano
Artisti & Maestri

Murano
Artists & Masters

Filomena Sammartini Lopez y Royo

I fiori di donna Lopez
1995

Fulvio Bianconi

Senza titolo / Untitled
1980 c.

Fulvio Bianconi

Senza titolo / Untitled
1980 c.

Fulvio Bianconi

Senza titolo / Untitled
1990

Paul Flora

Senza titolo / Untitled
Anni 1990 / 1990s

Ico Parisi

Vetro crudele
1964

Ezio Rizzetto

Senza titolo / Untitled
1955

Ettore Sottsass

Bum-Paz
1998

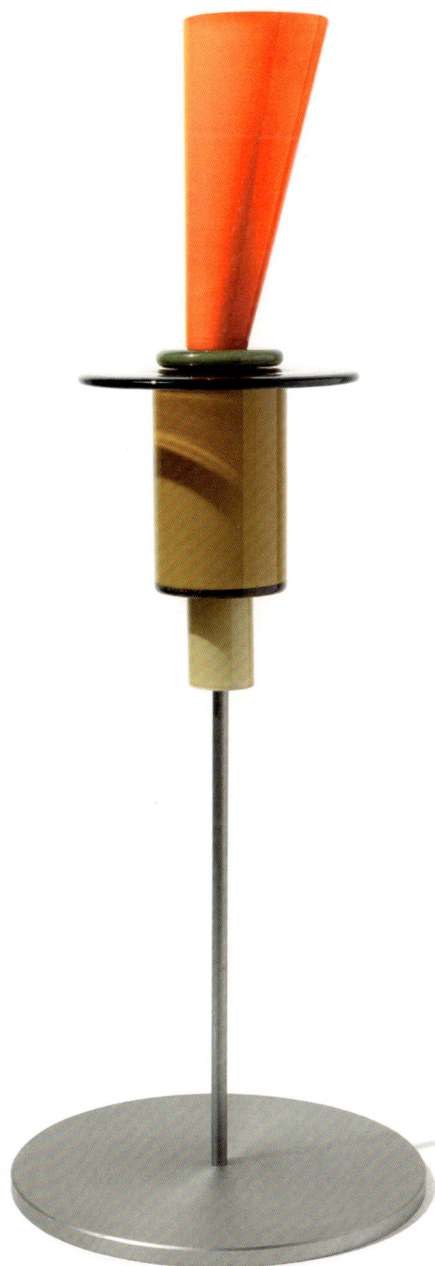

Ettore Sottsass

Tshe-Dbang
1998

Ernst Fuchs

Senza titolo / Untitled
1975

Giò Pomodoro

Senza titolo / Untitled
1982

Lino Tagliapietra

Saturno
1992

Lino Tagliapietra

Senza titolo / Untitled
1994

Lino Tagliapietra

Tessuto
1994

Lino Tagliapietra

Senza titolo / Untitled
1995

Lino Tagliapietra

Tessuto
1995

Lino Tagliapietra

Batman
1998

Lino Tagliapietra

Senza titolo / Untitled
1998

Lino Tagliapietra

Senza titolo / Untitled
1998

Lino Tagliapietra

Flying Boats
2004

Lino Tagliapietra

Stromboli
2004

Lino Tagliapietra

Sasso di Marsiglia
Fine anni 1990 / Late 1990s

Luciano Vistosi

Senza titolo / Untitled
1970-1985

Paolo Martinuzzi

Senza titolo / Untitled
1975-1980

Paolo Martinuzzi

Senza titolo / Untitled
1994

Murano

Toni Zuccheri

Senza titolo / Untitled
1989

Upupa
1964

Toni Zuccheri

Gabbietta
1986

Toni Zuccheri

Beccaccino
2000

Porciglione
1998

Beccaccino
2000

Beccacino
2000

Toni Zuccheri

Senza titolo / Untitled
1966

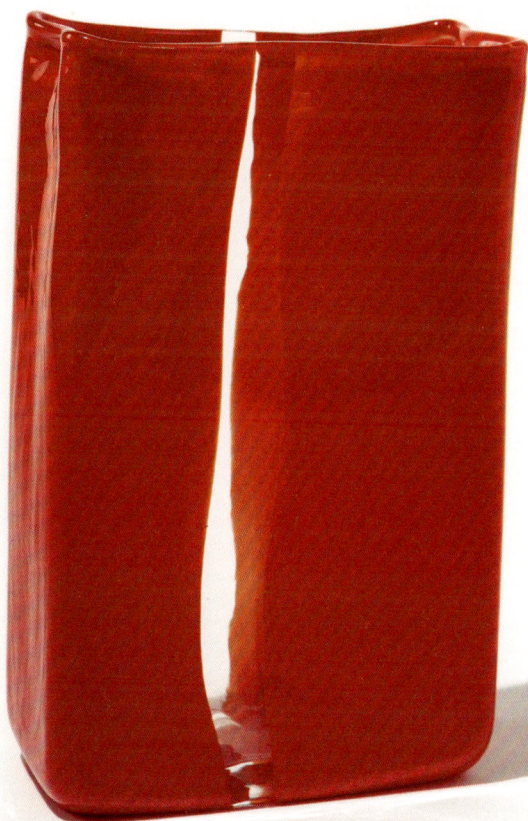

Toni Zuccheri

Tronco trasparente
1989

Toni Zuccheri

Numina: Afrodite
1998

Toni Zuccheri

Numina: all'origine del vetro
1998

Yoichi Ohira

Cappello rosso
1997

Yoichi Ohira

Le onde
1997

Yoichi Ohira

Vaso Nefardite con germoglio
1997

Yoichi Ohira

Finestre
1999

Massimo Nordio

Eos & Gaia
2009

Murano

Laura de Santillana

Senza titolo / Untitled
2000

Laura de Santillana

Senza titolo / Untitled
2000

Laura de Santillana

Piuma
2007

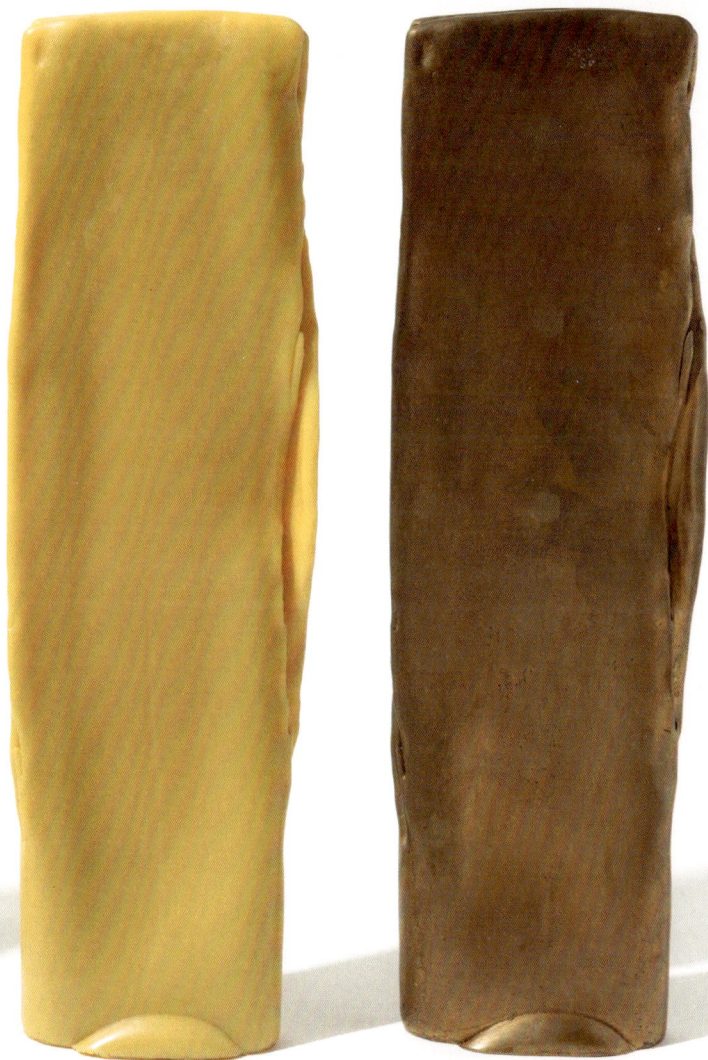

Laura de Santillana

Opal 1
2013

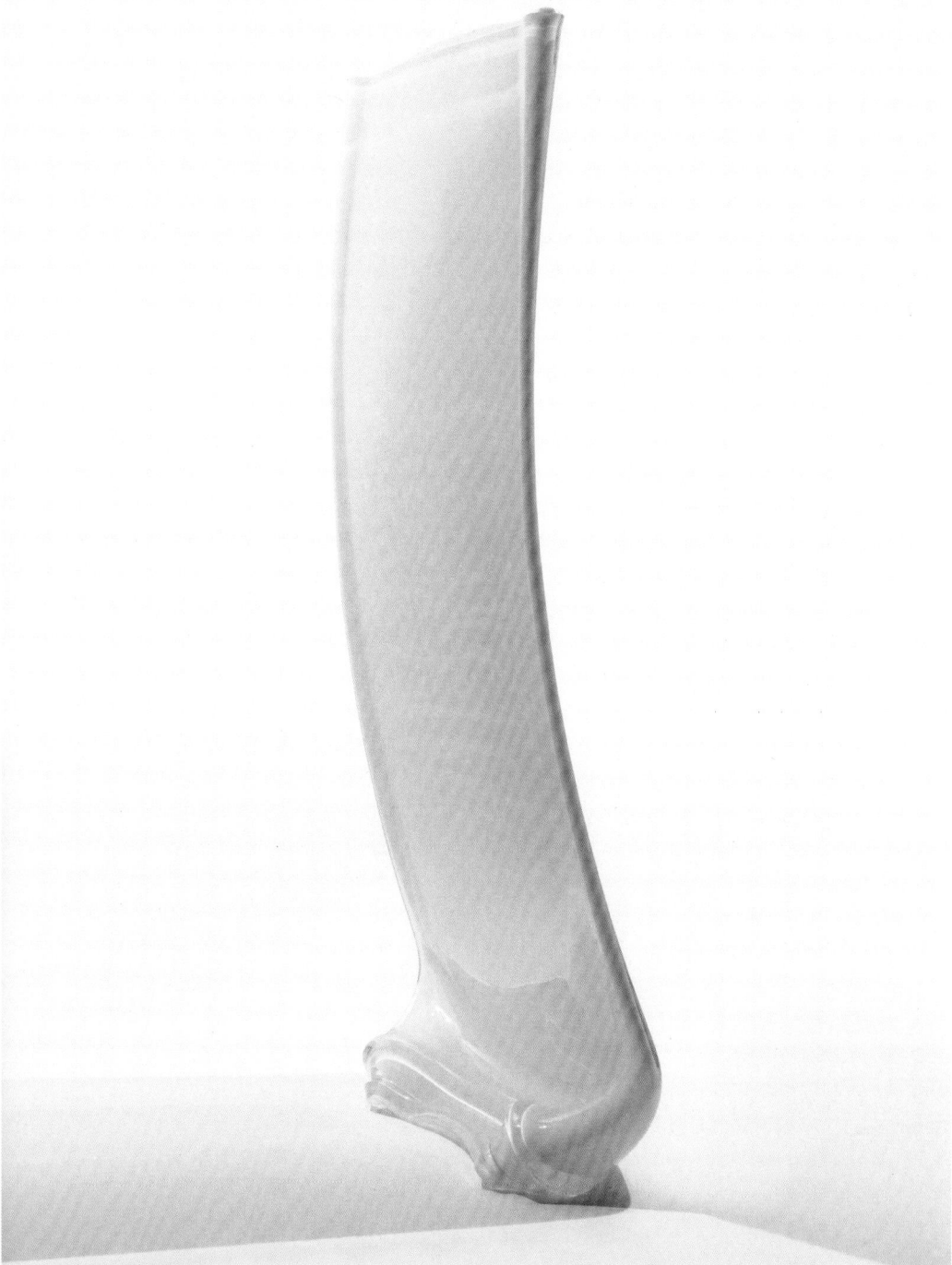

Alessandro Diaz de Santillana

Senza titolo / Untitled
1993

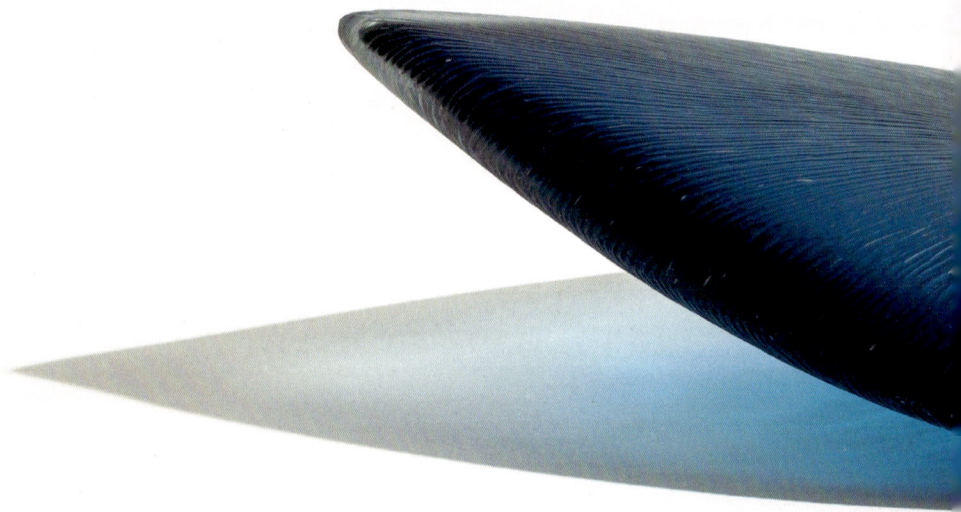

Alessandro Diaz de Santillana

Blue Sky Guardian
1996

Maria Grazia Rosin

Folpo
2000

Maria Grazia Rosin

Venussiani volanti
2006

Grande kela
2007

Bruna Esposito

Elica "Redeseo"
2009

Ritsue Mishima

Nervatura
2002

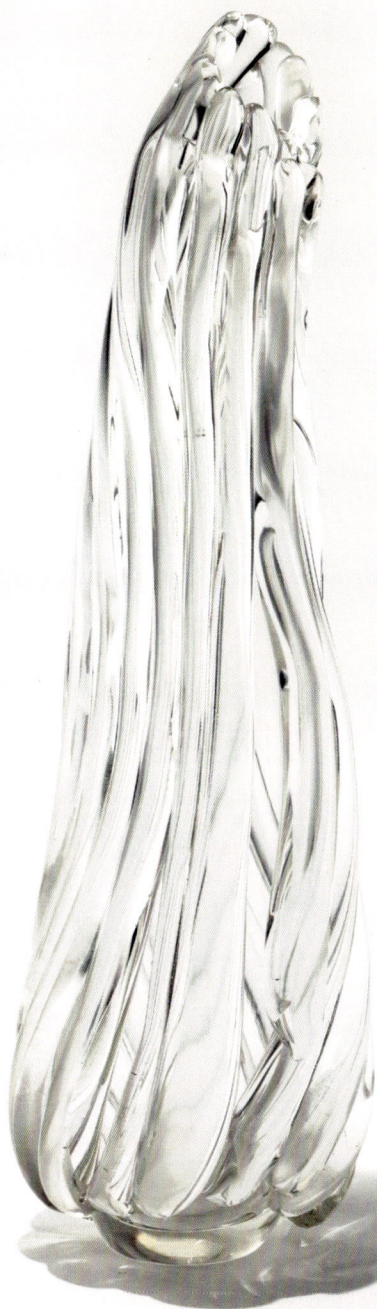

Ritsue Mishima

Occhi di drago
2002

Cristiano Bianchin

Vaso autunnale – Alfabetico
1994

Cristiano Bianchin

Domino
1995

Cristiano Bianchin

Omaggio a Capogrossi
1995

Cristiano Bianchin

*Omaggio ad Antonio Canova
(Cariatide)*
1995

Cristiano Bianchin

Nido
1996

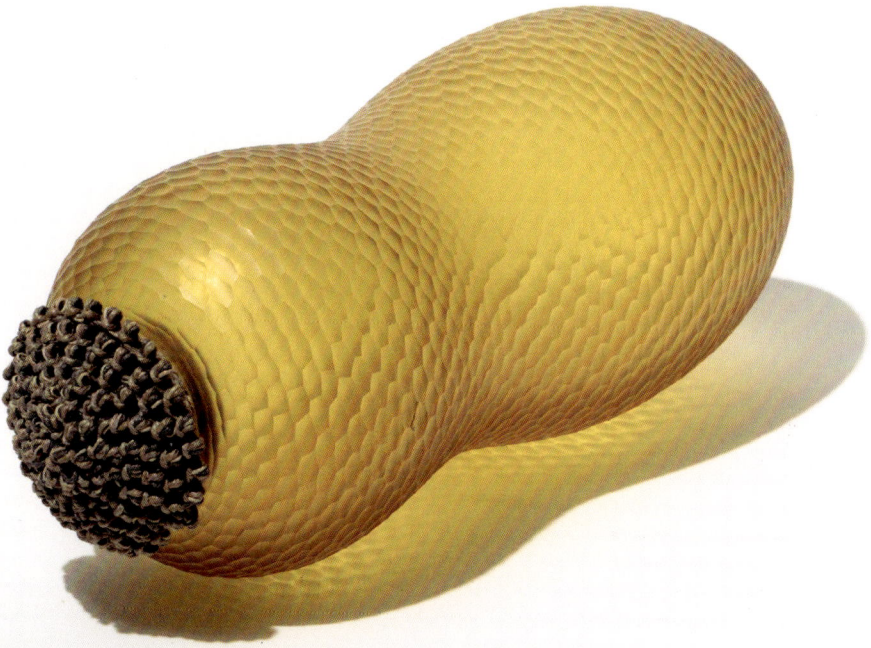

Cristiano Bianchin

Peso
2004

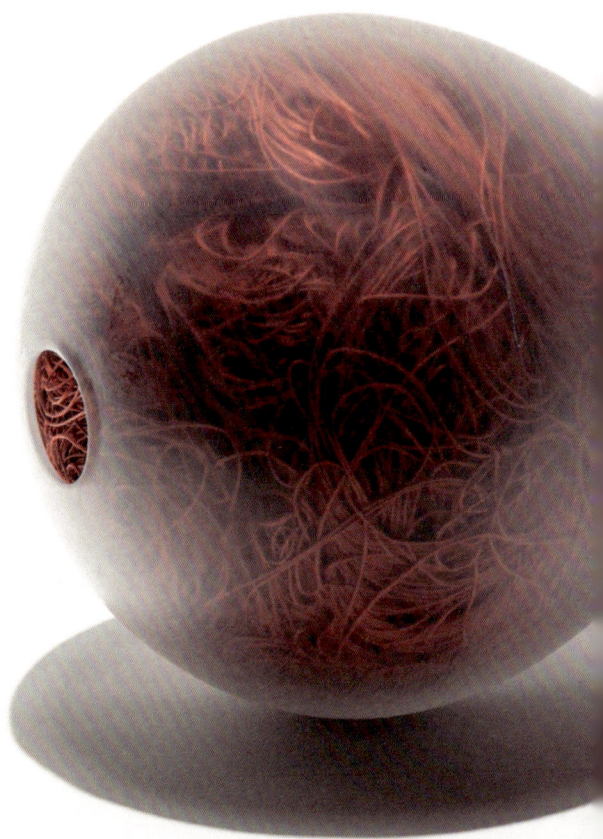

Cristiano Bianchin

Urna
2004

Cristiano Bianchin

Senza titolo / Untitled
2013

Cristiano Bianchin

Utensili
2006

Claudio Tiozzo

Superfici nascoste
1998

Emmanuel Babled

Aramaici
1999

America e Australia

...il movimento Studio Glass

America and Australia

...the Studio Glass movement

Giles Bettison

Paddock Series #10
1999

Brad Copping

Senza titolo / Untitled
1991

Carole Pilon

Traces d'étoiles (Star traces)
1999

Howard Ben Tré

Stone for Casting No. 3
1992

Barbara Bloom

Flaubert Letters II
1987-2008

Claire Falkenstein

Sculpture Vase
1972

Richard Marquis

Marquiscarpa 91-15
1991

Richard Marquis

Marquiscarpa 95-11
1995

Richard Marquis

Animal Kingdom Sample Box #8
(Time-Tested Standards)
1999

American Coffee-Pot
1997

Richard Marquis

Teapot Goblet 97-14
1997

Richard Marquis

Elephant 005
2000

Richard Marquis

Car #1249
2002

Richard Marquis

Car #1257
2002

Car #1534
2002

Richard Marquis

Car #1316
2002

Car #1250
2002

Richard Marquis

Car #1274
2002

Car #1254
2002

Car #1333
2002

Car #1538
2002

Richard Marquis

Teapot Cartoon Car
2009

America e / and Australia

Toots Zynsky

Waterspout VI
1979-1994

Toots Zynsky

Volta Cuore
1992

Toots Zynsky

Estate
1996

Toots Zynsky

Mattino
1996

Toots Zynsky

Biscia
2001

Toots Zynsky

Muro
2001

Toots Zynsky

Crollo
2008

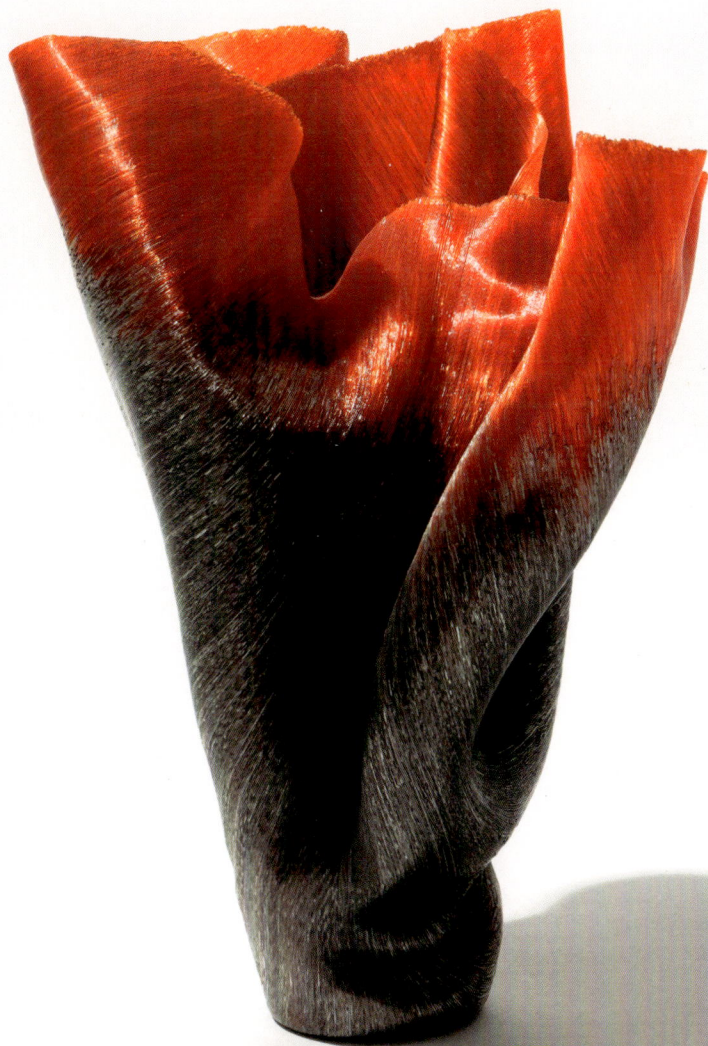

Dale Chihuly

Basket
1996

Dale Chihuly

Venetian
1996

Dale Chihuly

Seaform
1995

Regesto delle opere / List of works

EMMANUEL BABLED

(Francia / France, 1967; vive e lavora a Milano / lives and works in Milan, ITA)

Aramaici
1999

Vetro in pasta soffiato in stampo e lavorato a mano volante, superficie molata / Mould-blown and free-hand worked vitreous paste, polished surface
25 × 18 × 18 cm

Opera in 99 esemplari, firmati e numerati / Work in 99 copies, signed and numbered
Firma incisa / Engraved signature "Venini 99 Emm. Babled 45/99" e bollino / and mark Venini

Collezioni / Collections
Galleria San Nicolò di Louise Berndt, Venezia / Venice; Serena Coloni, Piacenza

Bibliografia / Bibliography
Marino Barovier, Il vetro a Venezia dal moderno al contemporaneo, Federico Motta, Milano / Milan 1999

p. 251

HOWARD BEN TRÉ

(New York, USA, 1949 - Pawtucket, Rhode Island, USA, 2020)

Stone for Casting No. 3
1992
Dalla serie / From the series
Stone for Casting from 1 to 4

Vetro trasparente lavorato a stampo aperto, ossido ferrico / Transparent cast glass, iron oxide
12 × 44 × 20 cm

Realizzato presso / Made at Cenedese & Albarelli, Murano, ITA

Opera unica / Unique piece
Firma incisa / Engraved signature "MA22B"

Collezioni / Collections
Cenedese & Albarelli, Murano; D'Arte & Divetro di Caterina Tognon, Bergamo; Serena Coloni, Piacenza

Bibliografia / Bibliography
Howard Ben Tré: Basins and

Fountains, University of Rhode Island, Kingston, R.I. 1994

pp. 260-261

GILES BETTISON

(Adelaide, South Australia, AUS, 1966 vive e lavora a / lives and works in New Orleans, Louisiana, USA)

Paddock Series #10
1999

Vetro a murrina soffiato e lavorato a mano volante, superficie molata / Fused and free-hand blown "murrine" glass, polished surface
h 41 cm; Ø 13 cm

Realizzato presso lo studio dell'artista / Made in the artist's studio

Opera unica / Unique piece
Etichetta / Label "Bettison, Giles Paddock Series #10 GBE_1049_BO"

Collezioni / Collections
Bullseye Project & Gallery, Portland, Oregon; D'Arte & Divetro di Caterina Tognon, Bergamo; Serena Coloni, Piacenza

p. 255

CRISTIANO BIANCHIN

(Venezia / Venice, ITA, 1963; vive e lavora a Venezia / lives and works in Venice, ITA)

Vaso autunnale – Alfabetico
1994

Vetro trasparente soffiato e lavorato a mano volante e inciso alla "rotina" / Free-hand blown and worked transparent glass, surface etched with grinding wheel
h 21 cm; Ø 13 cm

Maestro vetraio / Master glassmaker Vittorio Ferro, Fornace De Majo, Murano, ITA; per l'incisione / for the etching S.A.L.I.R., Murano, ITA

Opera unica / Unique piece
Firma incisa / Engraved signature "C. Bianchin 1994 prototipo Murano"

Collezioni / Collections
L'artista / The artist; D'Arte & Divetro di Caterina Tognon, Bergamo; Serena Coloni, Piacenza

Note / Notes
L'opera è stata esposta alla mostra / The work was presented in the exhibition *Cristiano Bianchin, Vetro*, Caffè Florian, Venezia / Venice, 1994.

p. 231

Domino
1995

Vetro in pasta soffiato e lavorato a mano volante, superficie molata / Free-hand blown and worked vitreous paste, ground surface
Domino (bottiglia bianca / white bottle): h 33 cm; Ø 6,5 cm
Domino (bottiglia nera / black bottle): h 35 cm; Ø 6,5 cm

Maestro vetraio / Master glassmaker Vittorio Ferro, Fornace De Majo, Murano, ITA

Edizione in 10 esemplari / Edition of 10 copies
Firma incisa / Engraved signature "B. Bianchin 1996 Murano Ve 1/10"

Collezioni / Collections
L'artista / The artist; D'Arte & Divetro di Caterina Tognon, Bergamo; Serena Coloni, Piacenza

Bibliografia / Bibliography
Gypsotheca. Vetri di Cristiano Bianchin, Verona 1995

p. 233

Omaggio a Capogrossi
1995

Vetro in pasta e a murrina soffiato e lavorato a mano volante, superficie molata / Free-hand blown and worked vitreous paste and "murrine" glass, ground surface
h 28 cm; Ø 20 cm

Maestro vetraio / Master glassmaker Vittorio Ferro, Fornace De Majo, Murano, ITA

Edizione in 6 esemplari / Edition of 6 copies

Firma incisa / Engraved signature "Cristiano Bianchin 1996 Murano Venezia 1/6"

Collezioni / Collections
L'artista / The artist; D'Arte & Divetro di Caterina Tognon, Bergamo; Serena Coloni, Piacenza

Bibliografia / Bibliography
Gypsotheca. Vetri di Cristiano Bianchin, Verona 1995
Cristiano Bianchin. Intuitions chromatiques, Galerie Michel Giraud, Paris 2014

p. 235

Omaggio ad Antonio Canova (Cariatide)
1995

Vetro in pasta, soffiato e lavorato a mano volante, acidato. Sulla sommità, figura in vetro massiccio con superficie iridescente, conterie in vetro (opera in tre parti) / Free-hand blown and worked vitreous paste, etched surface. At the top a figure in solid glass with iridescent surface, glass "conterie" (work in three parts)
h 45,5 cm; Ø 15 cm

Maestro vetraio / Master glassmaker Giuliano Rioda, Fornace De Majo, Murano, ITA

Opera unica, prototipo / Unique piece, prototype
Firma incisa / Engraved signature "C Bianchin Murano 96 1/10"

Collezioni / Collections
L'artista / The artist; D'Arte & Divetro di Caterina Tognon, Bergamo; Serena Coloni, Piacenza

Bibliografia / Bibliography
Gypsotheca. Vetri di Cristiano Bianchin, 1995

p. 237

Nido
1996

Vetro trasparente soffiato e lavorato a mano volante, superficie molata "a nido d'ape", canapa lavorata a crochet (opera in due parti) / Free-hand blown and worked transparent glass, "a nido d'ape" carved surface, crocheted hemp (works in two parts)
15 × 35 × 14 cm

Maestro vetraio / Master glassmaker Andrea Zilio e Maestro molatore / and Master glass grinder Giacomo Barbini, Fornace Anfora, Murano, ITA

Opera unica, prototipo / Unique piece, prototype
Non firmata / Unsigned

Collezioni / Collections
L'artista / The artist; Galleria Marina Barovier, Venezia / Venice; Serena Coloni, Piacenza

Bibliografia / Bibliography
Venezia Aperto Vetro: International New Glass, a cura di Attilia Dorigato, Dan Klein, Arsenale, Venezia / Venice 1996
Cristiano Bianchin. Nidi, Galleria Marina Barovier, Venezia / Venice 1997
Cristiano Bianchin. Intuitions chromatiques, Galerie Michel Giraud, Paris 2014

p. 239

Peso
2004

Vetro trasparente soffiato e lavorato a mano volante, superficie molata, canapa / Free-hand blown and worked transparent glass, polished surface, hemp
23 × 53 × 23 cm

Maestro vetraio / Master glassmaker Andrea Zilio e Maestro molatore / and Master glass grinder Giacomo Barbini, Fornace Anfora, Murano, ITA

Opera unica / Unique piece
Non firmata / Unsigned

Collezioni / Collections
L'artista / The artist; Galleria Marina Barovier, Venezia / Venice; Serena Coloni, Piacenza

Bibliografia / Bibliography
Una casa veneziana, in "Marie Claire Maison", ottobre / October 2004

pp. 240-241

Urna
2004

Vetro in pasta soffiato e lavorato a mano volante, superficie molata, tripode in acciaio (opera in tre parti) / Free-hand blown and worked vitreous paste, polished surface, steel tripod (work in three parts)
h 30 cm; Ø 19 cm

Maestro vetraio / Master glassmaker Andrea Zilio e Maestro molatore / and Master glass grinder Giacomo Barbini, Fornace Anfora, Murano, ITA Officina fabbrile / Blacksmith's workshop Francesco Zanon, Venezia / Venice, ITA

Opera unica / Unique piece Non firmata / Unsigned

Collezioni / Collections
L'artista / The artist; Galleria Marina Barovier, Venezia / Venice; Serena Coloni, Piacenza

Bibliografia / Bibliography
Cristiano Bianchin. Dodici vetri mentre morivo, 2005

p. 243

Utensili
2006

Utensile beige / Beige Utensile
Vetro trasparente con inclusioni metalliche soffiato e lavorato a mano volante, superficie molata, filo sintetico lavorato a crochet / Free-hand blown and worked transparent glass with metallic elements, ground surface, crocheted synthetic thread
10 × 54 × 10 cm

Utensile rosso / Red Utensile
Vetro trasparente con inclusioni metalliche soffiato e lavorato a mano volante, superficie molata, filo sintetico lavorato a crochet / Free-hand blown and worked transparent glass with metallic elements, ground surface, crocheted synthetic thread
14 × 68 × 14 cm

Utensile marrone / Brown Utensile
Vetro trasparente con inclusioni di avventurina soffiato e lavorato a mano volante, superficie molata, filo sintetico lavorato a crochet /

Free-hand blown and worked transparent glass with aventurine powder, ground surface, crocheted synthetic thread
10 × 49 × 10 cm

Maestro vetraio / Master glassmaker Andrea Zilio e Maestro molatore / and Master glass grinder Giacomo Barbini, Fornace Anfora, Murano, ITA Lavorazione tessile di / Textile work by Anna Maria Bettiol, Mestre, ITA

Opera unica / Unique piece Non firmata / Unsigned

Collezioni / Collections
L'artista / The artist; Galleria Marina Barovier, Venezia / Venice; Serena Coloni, Piacenza

pp. 246-247

Senza titolo / Untitled
2013

Vetro in pasta soffiato e lavorato a mano volante, superficie molata (opera in due parti) / Free-hand blown and worked vitreous paste, polished surface (work in two parts)
h 28 cm; Ø 18,8 cm

Maestro vetraio / Master glassmaker Andrea Zilio e Maestro molatore / and Master glass grinder Giacomo Barbini, Fornace Anfora, Murano, ITA

Opera unica / Unique piece Firma incisa / Engraved signature "2013 C. Bianchin Murano Venezia"

Collezioni / Collections
L'artista / The artist; Galleria Marina Barovier, Venezia / Venice; Serena Coloni, Piacenza

p. 245

FULVIO BIANCONI

(Padova / Padua, ITA, 1915 - Milano / Milan, ITA, 1996)

Senza titolo / Untitled
1980 c.

Vetro trasparente e in pasta soffiato e lavorato a mano volante /

Free-hand blown and worked transparent and opaque glass
35 × 25 × 15 cm

Realizzato presso / Made at Fornace Zanetti, Murano, ITA

Opera unica / Unique piece Firma incisa / Engraved signature "Zanetti Oscar" e bollino / and mark "FZ Fornace Zanetti Murano"

Collezioni / Collections
Caterina Tognon Arte Contemporanea, Venezia / Venice; Serena Coloni, Piacenza

p. 137

Senza titolo / Untitled
1980 c.

Vetro trasparente e in pasta soffiato e lavorato a mano volante in fornace muranese / Transparent and opaque glass free-hand blown and worked in a furnace on Murano
36 × 34 × 22 cm

Opera unica / Unique piece Non firmata / Unsigned

Collezioni / Collections
L'artista / The artist; Galleria Enrico Camponi, Roma / Rome; Serena Coloni, Piacenza

pp. 134-135

Senza titolo / Untitled
1990

Vetro trasparente soffiato e lavorato a mano volante in fornace muranese / Transparent glass free-hand blown and worked in a furnace on Murano
22,5 × 45 × 34 cm

Opera unica / Unique piece Non firmata / Unsigned

Collezioni / Collections
Art & Craft, Piacenza; Serena Coloni, Piacenza

pp. 138-139

BARBARA BLOOM

(Los Angeles, California, USA, 1951; vive e lavora a / lives and works in New York, USA)

Flaubert Letters II
(Sei oggetti per la tavola incisi
con frammenti delle lettere di
Gustav Flaubert a Louise Colet
e di Barbara Bloom a Gustave
Flaubert / Six glassware
engraved with fragments of
letters from Gustave Flaubert to
Louise Colet and from Barbara
Bloom to Gustave Flaubert)
1987-2008

Vetri di produzione industriale,
incisione a punta di diamante /
Industrial glass, diamond point
engraving
Coppa / Cup: h 15,5 cm; Ø 22 cm
Campana / Bell: h 27,5 cm; Ø 32 cm
Vaso calice / Chalice vase: h 34,7
cm; Ø 14 cm
Brocca / Pitcher: h 29,5 × 31,5 cm;
Ø 24 cm
Vaso / Vase: h 27,5 cm; Ø 17,5 cm
Alzata / Fruit stand: h 24 cm;
Ø 21 cm

Realizzato presso lo studio
dell'artista / Made in the artist's
studio, New York, USA

Edizione 2/3 / Edition 2/3
Non firmata / Unsigned
Certificato di autenticità della
Galleria Raffaella Cortese,
Milano, 9 luglio 2009 / Certificate
of authenticity of the Galleria
Raffaella Cortese, Milan, 9 July
2009

Collezioni / Collections
L'artista / The artist; Galleria
Raffaella Cortese, Milano / Milan;
Serena Coloni, Piacenza

Bibliografia / Bibliography
The Collections of Barbara Bloom,
Steidl, Göttingen 2007
Glasstress, Charta, Milano / Milan
2009

pp. 262-263

ALESSANDRO CADAMURO

(Venezia / Venice, ITA, 1958; vive e
lavora a / lives and works in Vittorio
Veneto, ITA)

Il Mio Vetrocuore
1996
Dalla serie / From the series
Poevetro

Vetro industriale e "cotisso" /
Industrial glass and "cotisso"
42,5 × 18,5 × 9 cm

Realizzato presso lo studio
dell'artista / Made in the artist's
studio, Vittorio Veneto, ITA

Opera unica / Unique piece
Firma incisa / Engraved signature
"Alessandro Cadamuro"

Collezioni / Collections
L'artista / The artist; D'Arte &
Divetro di Caterina Tognon,
Bergamo; Serena Coloni,
Piacenza

Bibliografia / Bibliography
Poeglass Poevetri. Alessandro
Cadamuro, a cura di / edited by
Enzo Santese, Udine 1999

p. 113

DALE CHIHULY

(Tacoma, Washington, USA, 1941;
vive e lavora a / lives and works in
Seattle, Washington, USA)

Seaform
1995

Vetro trasparente soffiato
e lavorato a mano volante /
Free-hand blown and worked
transparent glass
12 × 25 × 13 cm

Realizzato presso lo studio
dell'artista / Made in the artist's
studio, Seattle Washington, USA

Opera unica / Unique piece
Firma incisa / Engraved signature
"Chihuly 95"

Collezioni / Collections
L'artista / The artist; D'Arte &
Divetro di Caterina Tognon,
Bergamo e / and Galleria San
Nicolò di Louise Berndt, Venezia /
Venice; Serena Coloni, Piacenza

pp. 306-307

Basket
1996

Vetro trasparente, in pasta e
a murrine soffiato e lavorato a
mano volante / Free-hand blown
and worked transparent, opaque
and "a murrine" glass

Realizzato presso lo studio
dell'artista / Made in the artist's
studio, Seattle Washington, USA
40 × 35 × 33 cm

Opera unica / Unique piece
Firma incisa / Engraved signature
"Chihuly '96"

Collezioni / Collections
L'artista / The artist; Galleria
Marina Barovier, Venezia /
Venice; Serena Coloni, Piacenza

pp. 302-303

Venetian
1996

Vetro trasparente soffiato
e lavorato a mano volante /
Free-hand blown and worked
transparent glass
20 × 27 × 16 cm

Maestro vetraio / Master
glassmaker Pino Signoretto,
Murano, ITA

Opera unica / Unique piece
Firma incisa / Engraved signature
"Dale Chihuly"

Collezioni / Collections
L'artista / The artist; Galleria
Marina Barovier, Venezia /
Venice; Serena Coloni, Piacenza

p. 305

VÁCLAV CIGLER

(Vsetín, CZE, 1929; vive e lavora a
Praga / lives and works in Prague,
CZE)

Balance
1996

Cristallo ottico, superficie
metallizzata con processo di
anodizzazione / Optical crystal,
metallized surface via anodizing
process
27 × 28 × 27 cm

Maestro molatore / Master
engraver Jan Frydrych, Nový Bor,
CZE

Opera unica / Unique piece
Non firmata / Unsigned

Collezioni / Collections
L'artista / The artist; D'Arte &
Divetro di Caterina Tognon,
Bergamo; Serena Coloni,
Piacenza

pp. 45, 335

TESSA CLEGG

(Londra / London, GBR, 1946;
vive a / lives in Fittleworth, GBR)

Transition I
2002

Pâte de verre (opera in due parti)
/ (work in two parts)
28 × 18,5 × 9 cm

Realizzato presso lo studio
dell'artista / Made in the artist's
studio, Londra / London, GBR

Opera unica / Unique piece
Firma incisa / Engraved signature
"Tessa Clegg 2002"

Collezioni / Collections
L'artista / The artist; Caterina
Tognon Arte Contemporanea,
Venezia / Venice; Serena Coloni,
Piacenza

p. 73

BRAD COPPING

(Toronto, CAN, 1961; vive e lavora a /
lives and works in Apsley, CAN)

Senza titolo / Untitled
1991

Vetro trasparente soffiato
e lavorato a mano volante,
superficie molata e acidata /
Free-hand blown and worked
transparent glass, carved and
etched surface
13 × 18 × 13 cm

Realizzato presso lo studio
dell'artista / Made in the artist's
studio, Toronto, CAN

Opera unica / Unique piece
Firma incisa / Engraved signature
"B. Copping '91"

Collezioni / Collections
L'artista / The artist; D'Arte &
Divetro di Caterina Tognon,
Bergamo; Serena Coloni,
Piacenza

p. 257

JOAN CROUS

(Banyoles, ESP, 1962; vive e lavora
tra Barcellona, ESP e Bologna, ITA
/ lives and works in Barcelona, ESP
and Bologna, ITA)

Senza titolo / Untitled
1999
Dalla serie / From the series
Cenae

Polvere di vetro vetrificata a
caldo / Kilnfired glass powder
14 × 24 × 24 cm

Realizzato presso lo studio
dell'artista / Made in the artist's
studio, Bologna, ITA

Opera unica / Unique piece
Non firmata / Unsigned

Collezioni / Collections
L'artista / The artist; D'Arte &
Divetro di Caterina Tognon,
Bergamo; Serena Coloni,
Piacenza

p. 111

ALESSANDRO DIAZ DE SANTILLANA

(Parigi / Paris, FRA, 1959 - Venezia /
Venice, ITA, 2018)

Senza titolo / Untitled
1993

Vetro trasparente soffiato
e lavorato a mano volante,
superficie molata e acidata /
Free-hand blown and worked
transparent glass, carved and
etched surface
16,5 × 75,5 × 40 cm

Maestro vetraio / Master
glassmaker Pino Signoretto,
Murano, ITA

Opera unica / Unique piece
Firma incisa / Engraved
signature "A. Santillana 93"

Collezioni / Collections
L'artista / The artist; Clara
Schippisi, Piacenza; Serena
Coloni, Piacenza

Note / Notes
L'opera è stata esposta
alla mostra / The work was
presented in the exhibition *Custodi
di sabbia. Diciotto vetri
di Alessandro Diaz de Santillana*,
a cura di / curated by
Clara Schippisi, Palazzo Casati,
Piacenza, 1994.

pp. 214-215

Blue Sky Guardian
1996

Vetro in pasta soffiato
e lavorato a mano volante,
superficie corrosa ad acido /
Free-hand blown and worked
vitreous paste, acid carved
surface
41 × 32 × 15 cm

Maestro vetraio / Master
glassmaker Pino Signoretto,
Murano, ITA

Opera unica / Unique piece
Firma incisa / Engraved signature
"A. Santillana V. 96"

Collezioni / Collections
L'artista / The artist; D'Arte &
Divetro di Caterina Tognon,
Bergamo; Serena Coloni,
Piacenza

Bibliografia / Bibliography
Alessandro Diaz de Santillana,
Canova, Treviso 1996
Marino Barovier, *Il vetro
a Venezia dal moderno al
contemporaneo*, Federico Motta,
Milano / Milan 1999

pp. 216-217

BRUNA ESPOSITO

(Roma / Rome, ITA, 1960; vive e
lavora a Roma / lives and works in
Rome, ITA)

Elica "Redeseo"
2009

Elica in bronzo, vetro
Avventurina soffiato a mano
volante "a reticello" (opera
in quattro parti) / Bronze helix,
free-hand blown and worked
Avventurina glass, "a reticello"
technique (work in four parts)
h 46,5 cm; Ø 63 cm

Maestro vetraio / Master
glassmaker Sergio Tiozzo,
Compagnia Vetraria Muranese,
Murano, ITA

Opera unica, prototipo / Unique
piece, prototype
Firma incisa / Engraved
signature "BESPOSITO 2009
ELICA-TROMBA 1/3 N 10"

Collezioni / Collections
L'artista / The artist; Caterina
Tognon Arte Contemporanea,

Venezia / Venice; Serena Coloni,
Piacenza

Note / Notes
L'opera è stata esposta alla mostra
/ The work was presented in the
exhibition *Indugi. Bruna Esposito e
Maria Morganti*, a cura di / curated
by Chiara Bertola, Galleria Caterina
Tognon Arte Contemporanea,
Venezia / Venice, 2009.

pp. 224-225

CLAIRE FALKENSTEIN

(Coos Bay, Oregon, USA, 1908 - Los
Angeles, California, USA, 1997)

Sculpture Vase
1972

Vetro trasparente soffiato
e lavorato a mano volante /
Free-hand blown and worked
transparent glass
29,5 × 32 × 28 cm

Realizzato presso / Made at
Vetrerie Salviati, Murano, ITA

Edizione in 9 esemplari / Edition
of 9 copies
Firma incisa / Engraved signature
"C. Falkenstein 72"

Collezioni / Collections
Vetrerie Salviati, Murano; Art &
Craft, Piacenza; Serena Coloni,
Piacenza

Bibliografia / Bibliography
*Venice and American Studio
Glass*, a cura di Tina Oldknow,
William Warmus, Skira, Milano /
Milan 2020

Note / Notes
L'opera è stata esposta alla / The
work was presented at the 36.
Esposizione Internazionale d'Arte,
Venezia / Venice, 1972.

p. 265

PAUL FLORA

(Glorenza, ITA, 1922 - Innsbruck,
AUT, 2009)

Senza titolo / Untitled
Anni 1990 / 1990s

Vetro trasparente soffiato
e lavorato a mano volante /
Free-hand blown and worked

transparent glass
19 × 45 × 14 cm

Realizzato presso / Made at
Studio Berengo, Murano, ITA

Edizione in 20 esemplari / Edition
of 20 copies
Firma incisa / Engraved signature
"P. Flora 8/20"

Collezioni / Collections
L'artista / The artist; Adriano
Berengo, Murano; Serena Coloni,
Piacenza

pp. 140-141

HANNEKE FOKKELMAN

(Rotterdam, NLD, 1955; vive
e lavora a / lives and works
in Villeneuve, Alpes-de-Haute-
Provence, FRA)

Senza titolo / Untitled
1997

Vetro trasparente soffiato
e lavorato a mano volante,
superficie intagliata e acidata
/ Free-hand blown and worked
transparent glass, cut and
etched surface
23 × 14 × 14 cm

Realizzato dall'artista presso
/ Made by the artist at Cirva,
Marsiglia / Marseille, FRA

Opera unica / Unique piece
Firma incisa / Engraved signature
"H. Fokkelman CIRVA 97"

Collezioni / Collections
L'artista / The artist; D'Arte &
Divetro di Caterina Tognon,
Bergamo; Serena Coloni,
Piacenza

p. 71

ERNST FUCHS

(Vienna, AUT, 1930-2015)

Senza titolo / Untitled
1975

Vetro trasparente soffiato e
lavorato a mano volante, foglia
d'oro / Free-hand blown and
worked transparent glass, gold
leaf
20 × 50 × 16 cm

Realizzato presso / Made at
Cenedese & Albarelli, Murano, ITA

Opera unica / Unique piece
Firma incisa / Engraved signature
"Ernst Fuchs 1975"

Collezioni / Collections
Cenedese & Albarelli, Murano;
D'Arte & Divetro di Caterina
Tognon, Bergamo; Serena Coloni,
Piacenza

pp. 150-151

MARIE AIMÉE GRIMALDI

(Francia / France, 1958; vive e lavora
a Parigi / lives and works in Paris,
FRA)

L'absence des ambassadeurs
1999

Pâte de verre
20 × 25 × 20 cm

Realizzato presso lo studio
dell'artista / Made in the artist's
studio, Parigi / Paris, FRA

Opera unica / Unique piece
Firma incisa / Engraved signature
"MA22B"

Collezioni / Collections
L'artista / The artist; D'Arte
& Divetro di Caterina Tognon,
Bergamo; Serena Coloni,
Piacenza

p. 67

MIEKE GROOT

(Alkmaar, NLD, 1949; vive e lavora a /
lives and works in Amsterdam, NLD)

**Senza titolo (Mattoni neri) /
Untitled (Black Bricks)**
1992

Elementi in vetro trasparente
fusi a stampo aperto, smaltati
e assemblati / Sandcast,
enameled, laminated transparent
glass
32 × 17 × 23 cm

Realizzato presso / Made at
General Glass, Amsterdam, NLD

Opera unica / Unique piece
Firma incisa / Engraved signature
"MIEKE GROOT '92"

Collezioni / Collections
L'artista / the artist; D'Arte &
Divetro di Caterina Tognon,
Bergamo; Serena Coloni,
Piacenza

Bibliografia / Bibliography
Mieke Groot, Amsterdam 2007

p. 77

Senza titolo / *Untitled*
1994

Vetro trasparente soffiato,
applicazioni di smalto vitreo /
Free-hand blown transparent
glass, enameled, enamel
application
h 24 cm; Ø 24 cm

Maestro vetraio / Master
glassmaker Richard Price,
Van Tetterode Glass Studio,
Amsterdam, NLD
Smalto vitreo realizzato
dall'artista / Vitreous enamel
made by the artist

Opera unica / Unique piece
Firma incisa / Engraved signature
"M.Groot 94"

Collezioni / Collections
L'artista / The artist; D'Arte &
Divetro di Caterina Tognon,
Bergamo; Serena Coloni,
Piacenza

p. 81

Senza titolo / *Untitled*
1995

Vetro trasparente soffiato,
applicazioni di smalto vitreo /
Free-hand blown transparent
glass, enameled, enamel
application
h 24,8 cm; Ø 29 cm

Maestro vetraio / Master
glassmaker Richard Price,
Van Tetterode Glass Studio,
Amsterdam, NLD
Smalto vitreo realizzato
dall'artista / Vitreous enamel
made by the artist

Opera unica / Unique piece
Firma / Signature "Mieke Groot
95"

Collezioni / Collections
L'artista / The artist; D'Arte &
Divetro di Caterina Tognon,

Bergamo; Serena Coloni,
Piacenza

Bibliografia / Bibliography
Mieke Groot, Amsterdam 2007

p. 79

Leopard
1997

Vetro trasparente soffiato,
applicazioni di smalto vitreo /
Free-hand blown transparent
glass, enameled, enamel painting
h 19 cm; Ø 26 cm

Maestro vetraio / Master
glassmaker Richard Price,
Van Tetterode Glass Studio,
Amsterdam, NLD
Smalto vitreo realizzato
dall'artista / Vitreous enamel
made by the artist

Opera unica / Unique piece
Firma / Signature "Mieke Groot
97"

Collezioni / Collections
L'artista / The artist; D'Arte &
Divetro di Caterina Tognon,
Bergamo; Serena Coloni,
Piacenza

p. 83

Terrazzo alla veneziana
1997

Vetro trasparente soffiato,
applicazioni di smalto vitreo /
Free-hand blown transparent
glass, enameled, enamel painting
h 13,7 cm; Ø 19 cm

Maestro vetraio / Master
glassmaker Richard Price,
Van Tetterode Glass Studio,
Amsterdam, NLD
Smalto vitreo realizzato
dall'artista / Vitreous enamel
made by the artist

Opera unica / Unique piece
Firma / Signature "Mieke Groot
97"

Collezioni / Collections
L'artista / The artist; D'Arte &
Divetro di Caterina Tognon,
Bergamo; Serena Coloni,
Piacenza

p. 82

Senza titolo / *Untitled*
1998

Vetro trasparente soffiato,
applicazioni di smalto vitreo /
Free-hand blown transparent
glass, enameled, enamel
application
38 × 18 × 18 cm

Maestro vetraio / Master
glassmaker Richard Price,
Van Tetterode Glass Studio,
Amsterdam, NLD
Smalto vitreo realizzato
dall'artista / Vitreous enamel
made by the artist

Opera unica / Unique piece
Firma / Signature "Mieke Groot
98"

Collezioni / Collections
L'artista / The artist; D'Arte &
Divetro di Caterina Tognon,
Bergamo; Serena Coloni,
Piacenza

p. 85

Senza titolo / *Untitled*
2002

Vetro trasparente soffiato e
lavorato a mano volante, pittura a
smalto vitreo / Free-hand blown
and worked transparent glass,
enamel painting
h 25 cm; Ø 25 cm

Maestro vetraio / Master
glassmaker Richard Price,
Van Tetterode Glass Studio,
Amsterdam, NLD
Pittura a smalto vitreo realizzata
dall'artista / Vitreous enamel
paint made by the artist

Opera unica / Unique piece
Firma / Signature "Mieke Groot
2002"

Collezioni / Collections
L'artista / The artist; D'Arte &
Divetro di Caterina Tognon,
Bergamo; Serena Coloni,
Piacenza

p. 87

DANNY LANE

(Urbana, Illinois, USA, 1955; vive e
lavora a Londra / lives and works in
London, GBR)

Senza Titolo / Untitled
1991

Vetro soffiato, "cotisso", cera / Hand blown glass, "cotisso", wax
30 × 40 × 52 cm

Opera unica / Unique piece
Firma incisa / Engraved signature "D.L. 91"

Collezioni / Collections
Dilmos, Milano / Milan; Avv. Vittorio Colombani; Serena Coloni, Piacenza

pp. 74-75

EDWARD LEIBOVITZ

(Romania, 1946-2019)

Senza titolo / Untitled
1996

Pâte de verre, smalto / Pâte de verre, enamel
h 10,5 cm; Ø 21 cm

Opera unica / Unique piece
Firma a stampo / Impressed signature "Leibovitz 96"

Collezioni / Collections
L'artista / The artist; Rainer Zietz Gallery, Londra / London; Serena Coloni, Piacenza

p. 97

SILVIA LEVENSON

(Buenos Aires, ARG, 1957; vive e lavora a / lives and works in Lesa, ITA)

Libro de adioses
1996

Vetro in lastra fuso a stampo aperto, cartone, tempera / Kilnformed glass, painted stiffened paper cover
23,5 × 17,5 × 4,3 cm

Realizzato presso lo studio dell'artista / Made in the artist's studio, Vigevano, ITA

Opera unica / Unique piece
Non firmata / Unsigned

Collezioni / Collections
L'artista / The artist; D'Arte & Divetro di Caterina Tognon,

317

Bergamo; Serena Coloni, Piacenza

pp. 114-117

Una ragazza ordinata
1996

Pâte de verre, legno e ferro (opera in cinque parti) / Pâte de verre, wood and iron (work in five parts)
12 × 33 × 18 cm

Realizzato dall'artista durante la residenza presso / Made by the artist during residency at Musée-atelier du verre de Sars-Poteries, FRA

Opera unica / Unique piece
Non firmata / Unsigned

Collezioni / Collections
L'artista / The artist; D'Arte & Divetro di Caterina Tognon, Bergamo; Serena Coloni, Piacenza

Bibliografia / Bibliography
Le cannibalisme des sentiments. Silvia Levenson, Musée-atelier du verre, Sars-Poteries 1996
Silvia Levenson. Correre ai ripari, a cura di / edited by Paola Tognon, Credito Valtellinese, Sondrio - Silvana, Milano / Milan 2001

p. 119

Rosabella
1999

Pâte de verre, rame / Pâte de verre, copper
6 × 18,3 × 8,5 cm ciascuno dei due elementi / each of the two elements

Realizzato dall'artista presso la fornace Bullseye di / Made by the artist at the Bullseye glassworks in Portland, Oregon, USA

Opera unica / Unique piece
Non firmata / Unsigned

Collezioni / Collections
L'artista / The artist; D'Arte & Divetro di Caterina Tognon, Bergamo; Serena Coloni, Piacenza

p. 121

Tutti seduti
2003

Pâte de verre, gesso, ferro (opera in quattro parti) / Pâte de verre, plaster, iron (work in four parts)
48 × 24 × 25 cm ciascuno dei due elementi / each of the two elements

Realizzato presso lo studio dell'artista / Made in the artist's studio, Vigevano, ITA

Opera unica / Unique piece
Firma incisa / Engraved signature "S.Levenson 2003"

Collezioni / Collections
L'artista / The artist; D'Arte & Divetro di Caterina Tognon, Bergamo; Serena Coloni, Piacenza

pp. 122-123

Garden for Life
2007

Pâte de verre, vetro in lastra, rame / Pâte de verre, sheet glass, copper
h 50 cm; Ø 18 cm

Realizzato presso lo studio dell'artista / Made in the artist's studio, Vigevano, ITA

Opera unica / Unique piece
Non firmata / Unsigned

Collezioni / Collections
L'artista / The artist; D'Arte & Divetro di Caterina Tognon, Bergamo; Serena Coloni, Piacenza

Bibliografia / Bibliography
El Plan era Perfecto, Sansalvatore Artproject, Modena 2010

p. 125

STANISLAV LIBENSKÝ & JAROSLAVA BRYCHTOVÁ

(Železný Brod, CZE, 1921-2002; Jablonec nad Nisou, CZE, 1924-2020)

Head with Square Eye
1986

Vetro trasparente fuso a stampo aperto / Transparent cast glass
50 × 37 × 12 cm

Realizzato presso lo studio degli artisti / Made in the artists' studio, Železný Brod, CZE

Opera unica / Unique piece
Firma incisa / Engraved signature "S. Libenský J. Brychtová 1986"

Collezioni / Collections
Gli artisti / The artists; D'Arte & Divetro di Caterina Tognon, Bergamo; Serena Coloni, Piacenza

Bibliografia / Bibliography
Milena Klasová, *Libenský Brychtová*, Gallery, Praha / Prague 2002

p. 37

Table Laid for a Bride
1986

Vetro "safír" fuso a stampo aperto / "Safír" cast glass
15 × 26 × 15 cm

Realizzato presso lo studio degli artisti / Made in the artists' studio, Železný Brod, CZE

Opera unica / Unique piece
Firma incisa / Engraved signature "S. Libenský J. Brychtová 86"

Collezioni / Collections
Gli artisti / The artists; Clara Scremini Gallery, Parigi / Paris; Francesco Carraro, Venezia / Venice; Art & Craft, Piacenza; Serena Coloni, Piacenza

p. 35

Imprint of an Angel II
(maquette)
1996

Vetro trasparente fuso a stampo aperto / Transparent cast glass
36 × 36 × 18 cm

Realizzato presso lo studio degli artisti / Made in the artists' studio, Železný Brod, CZE

Opera unica / Unique piece
Firma incisa / Engraved signature "S. Libenský J. Brychtová '96"

Collezioni / Collections
Gli artisti / The artists; D'Arte

& Divetro di Caterina Tognon, Bergamo; Serena Coloni, Piacenza

pp. 38-39

IVAN MAREŠ

(Děčín, CZE, 1956; vive e lavora a / lives and works in Děčín, CZE)

Klubko / Rope Egg
1997

Pâte de verre
52 × 73 × 48 cm

Realizzato presso lo studio dell'artista / Made in the artist's studio, Děčín, CZE

Opera unica / Unique piece
Firma incisa / Engraved signature

Collezioni / Collections
L'artista / The artist; D'Arte & Divetro di Caterina Tognon, Bergamo; Serena Coloni, Piacenza

Bibliografia / Bibliography
Sylva Petrová, *České sklo*, Vysoká škola uměleckoprůmyslová, Praha / Prague 2018

p. 41

RICHARD MARQUIS

(Bumble Bee, Arizona, USA, 1945; vive e lavora a / lives and works in Whidbey Island, Washington, USA)

Marquiscarpa 91-15
1991

Vetro a murrine soffiato, fuso e termoformato, superficie molata / Fused, slumped, blown and wheel-carved glass, "murrine" technique
13 × 23 × 8 cm

Realizzato presso lo studio dell'artista / Made in the artist's studio, Whidbey Island, Washington, USA

Opera unica / Unique piece
Firma incisa / Engraved signature "@1991 Marquis #15"

Collezioni / Collections
L'artista / The artist; D'Arte & Divetro di Caterina Tognon,

Bergamo; Serena Coloni, Piacenza

pp. 266-267

Marquiscarpa 95-11
1995

Vetro a murrine soffiato, fuso e termoformato, superficie molata / Fused, slumped, blown and wheel-carved glass, "murrine" technique
49 × 37 × 16 cm

Realizzato presso lo studio dell'artista / Made in the artist's studio, Whidbey Island, Washington, USA

Opera unica / Unique piece
Firma incisa / Engraved signature "@1995Marquis"

Collezioni / Collections
L'artista / The artist; D'Arte & Divetro di Caterina Tognon, Bergamo; Serena Coloni, Piacenza

pp. 268-269

American Coffee-Pot
1997

Vetro a canne e murrine, soffiato e lavorato a mano volante / Free-hand blown and worked glass, "canne" and "murrine" technique

Realizzato presso lo studio dell'artista / Made in the artist's studio, Whidbey Island, Washington, USA
17 × 14 × 12 cm

Opera unica / Unique piece
Firma incisa / Engraved signature "@1997 Marquis"

Collezioni / Collections
L'artista / The artist; D'Arte & Divetro di Caterina Tognon, Bergamo; Serena Coloni, Piacenza

Bibliografia / Bibliography
Tina Oldknow, *Richard Marquis: Objects*, University of Washington Press, Seattle 1997
Richard Marquis at the Caffè Florian, Venezia, Italia, Piazza San Marco, D'Arte e Divetro, Bergamo 1998

p. 271

Teapot Goblet 97-14
1997

Vetro a filigrana soffiato e lavorato a mano volante / Free-hand blown and worked glass, "filigrana" technique
29,5 × 11,5 × 8,3 cm

Realizzato con il Maestro Dante Marioni presso lo studio dell'artista / Made with Maestro Dante Marioni in the artist's studio, Whidbey Island, Washington, USA

Opera unica / Unique piece
Firma incisa / Engraved signature "Marquis 97-14"

Collezioni / Collections
L'artista / The artist; D'Arte & Divetro di Caterina Tognon, Bergamo; Serena Coloni, Piacenza

Bibliografia / Bibliography
Richard Marquis at the Caffè Florian, Venezia, Italia, Piazza San Marco, D'Arte e Divetro, Bergamo 1998

p. 273

Animal Kingdom Sample Box #8 (Time-Tested Standards)
1999

Vetro a murrine, vetro in lastra, matita su cartoncino, legno, pittura / "Murrine" glass, plate glass, pencil on mat board, wood, paint

Realizzato presso lo studio dell'artista / Made in the artist's studio, Whidbey Island, Washington, USA
18 × 15 × 6 cm

Opera unica / Unique piece
Firma a matita / Signature in pencil "@1999 Marquis" ed etichetta sul retro / and label on back "I Wonder How He Knows so Much"

Collezioni / Collections
L'artista / The artist; D'Arte & Divetro di Caterina Tognon, Bergamo; Serena Coloni, Piacenza

p. 270

Elephant 005
2000

Vetro a murrine soffiato e lavorato a mano volante / Free-hand blown and worked glass, "granulare murrine" technique

Realizzato presso lo studio dell'artista / Made in the artist's studio, Whidbey Island, Washington, USA
26 × 15 × 13 cm

Opera unica / Unique piece
Firma con murrina / Signed with murrina "Marquis"

Collezioni / Collections
L'artista / The artist; D'Arte & Divetro di Caterina Tognon, Bergamo; Serena Coloni, Piacenza

p. 275

Car #1249
2002

Vetro in pasta lavorato a canne e murrine, legno, ottone / Hot slab construction with "canne" and "murrine", wood, brass
12,7 × 85 × 12,7 cm

Realizzato presso lo studio dell'artista / Made in the artist's studio, Whidbey Island, Washington, USA

Opera unica / Unique piece
Firma incisa / Engraved signature

Collezioni / Collections
L'artista / The artist; D'Arte & Divetro di Caterina Tognon, Bergamo; Serena Coloni, Piacenza

Bibliografia / Bibliography
Vetri nel mondo oggi, a cura di / edited by Rosa Barovier Mentasti, Cierre, Sommacampagna 2004

pp. 276-277

Car #1250
2002

Vetro in pasta lavorato a canne e murrine, legno, ottone / Hot slab construction with "canne" and "murrine", wood, brass
13,3 × 68,5 × 15,2 cm

Realizzato presso lo studio dell'artista / Made in the artist's studio, Whidbey Island, Washington, USA

Opera unica / Unique piece
Firma incisa / Engraved signature

Collezioni / Collections
L'artista / The artist; D'Arte & Divetro di Caterina Tognon, Bergamo; Serena Coloni, Piacenza

Bibliografia / Bibliography
Vetri nel mondo oggi, a cura di / edited by Rosa Barovier Mentasti, Cierre, Sommacampagna 2004

pp. 280-281

Car #1254
2002

Vetro in pasta lavorato a canne e murrine, legno, ottone / Hot slab construction with "canne" and "murrine", wood, brass
12 × 63,5 × 13,3 cm

Realizzato presso lo studio dell'artista / Made in the artist's studio, Whidbey Island, Seattle, Washington, USA

Opera unica / Unique piece
Firma incisa / Engraved signature

Collezioni / Collections
L'artista / The artist; D'Arte & Divetro di Caterina Tognon, Bergamo; Serena Coloni, Piacenza

Bibliografia / Bibliography
Vetri nel mondo oggi, a cura di / edited by Rosa Barovier Mentasti, Cierre, Sommacampagna 2004

pp. 282-283

Car #1257
2002

Vetro in pasta lavorato a canne e murrine, legno, ottone / Hot slab construction with "canne" and "murrine", wood, brass
12 × 66 × 12 cm

Realizzato presso lo studio dell'artista / Made in the artist's studio, Whidbey Island, Washington, USA

Opera unica / Unique piece
Firma incisa / Engraved signature

Collezioni / Collections
L'artista / The artist; D'Arte &
Divetro di Caterina Tognon,
Bergamo; Serena Coloni,
Piacenza

Bibliografia / Bibliography
Vetri nel mondo oggi, a
cura di / edited by Rosa
Barovier Mentasti, Cierre,
Sommacampagna 2004

pp. 278-279

Car #1262
2002

Vetro in pasta lavorato a canne e
murrine, legno, ottone / Hot slab
construction with "canne" and
"murrine", wood, brass
11,4 × 43,8 × 14 cm

Realizzato presso lo studio
dell'artista / Made in the
artist's studio, Whidbey Island,
Washington, USA

Opera unica / Unique piece
Firma incisa / Engraved signature

Collezioni / Collections
L'artista / The artist; D'Arte &
Divetro di Caterina Tognon,
Bergamo; Serena Coloni,
Piacenza

Bibliografia / Bibliography
Vetri nel mondo oggi, a
cura di / edited by Rosa
Barovier Mentasti, Cierre,
Sommacampagna 2004

pp. 284-285

Car #1274
2002

Vetro in pasta lavorato a canne e
murrine, legno, ottone / Hot slab
construction with "canne" and
"murrine", wood, brass
10,7 × 33 × 12 cm

Realizzato presso lo studio
dell'artista / Made in the
artist's studio, Whidbey Island,
Washington, USA

Opera unica / Unique piece
Firma incisa / Engraved signature

Collezioni / Collections
L'artista / The artist; D'Arte &
Divetro di Caterina Tognon,
Bergamo; Serena Coloni,
Piacenza

Bibliografia / Bibliography
Vetri nel mondo oggi, a
cura di / edited by Rosa
Barovier Mentasti, Cierre,
Sommacampagna 2004

p. 282

Car #1316
2002

Vetro in pasta lavorato a canne e
murrine, legno, ottone / Hot slab
construction with "canne" and
"murrine", wood, brass
10,8 × 70 × 11,4 cm

Realizzato presso lo studio
dell'artista / Made in the
artist's studio, Whidbey Island,
Washington, USA

Opera unica / Unique piece
Firma incisa / Engraved signature

Collezioni / Collections
L'artista / The artist; D'Arte &
Divetro di Caterina Tognon,
Bergamo; Serena Coloni,
Piacenza

Bibliografia / Bibliography
Vetri nel mondo oggi, a
cura di / edited by Rosa
Barovier Mentasti, Cierre,
Sommacampagna 2004

pp. 280-281

Car #1333
2002

Vetro in pasta lavorato a canne e
murrine, legno, ottone / Hot slab
construction with "canne" and
"murrine", wood, brass
8,3 × 58,5 × 12 cm

Realizzato presso lo studio
dell'artista / Made in the
artist's studio, Whidbey Island,
Washington, USA

Opera unica / Unique piece
Firma incisa / Engraved signature

Collezioni / Collections
L'artista / The artist; D'Arte &

Divetro di Caterina Tognon,
Bergamo; Serena Coloni,
Piacenza

Bibliografia / Bibliography
Vetri nel mondo oggi, a
cura di / edited by Rosa
Barovier Mentasti, Cierre,
Sommacampagna 2004

p. 283

Car #1533
2002

Vetro in pasta lavorato a canne e
murrine, legno, ottone / Hot slab
construction with "canne" and
"murrine", wood, brass
10 × 30 × 11 cm

Realizzato presso lo studio
dell'artista / Made in the
artist's studio, Whidbey Island,
Washington, USA

Opera unica / Unique piece
Firma incisa / Engraved signature

Collezioni / Collections
L'artista / The artist; D'Arte &
Divetro di Caterina Tognon,
Bergamo; Serena Coloni,
Piacenza

Bibliografia / Bibliography
Vetri nel mondo oggi, a
cura di / edited by Rosa
Barovier Mentasti, Cierre,
Sommacampagna 2004

pp. 284-285

Car #1534
2002

Vetro in pasta lavorato a canne e
murrine, legno, ottone / Hot slab
construction with "canne" and
"murrine", wood, brass
10 × 41,5 × 13 cm

Realizzato presso lo studio
dell'artista / Made in the
artist's studio, Whidbey Island,
Washington, USA

Opera unica / Unique piece
Firma incisa / Engraved signature

Collezioni / Collections
L'artista / The artist; D'Arte &
Divetro di Caterina Tognon,
Bergamo; Serena Coloni,
Piacenza

Bibliografia / Bibliography
Vetri nel mondo oggi, a
cura di / edited by Rosa
Barovier Mentasti, Cierre,
Sommacampagna 2004

pp. 278-279

Car #1538
2002

Vetro in pasta lavorato a canne e
murrine, legno, ottone / Hot slab
construction with "canne" and
"murrine", wood, brass
10 × 39 × 11 cm

Realizzato presso lo studio
dell'artista / Made in the
artist's studio, Whidbey Island,
Washington, USA

Opera unica / Unique piece
Firma incisa / Engraved signature

Collezioni / Collections
L'artista / The artist; D'Arte &
Divetro di Caterina Tognon,
Bergamo; Serena Coloni,
Piacenza

Bibliografia / Bibliography
Vetri nel mondo oggi, a
cura di / edited by Rosa
Barovier Mentasti, Cierre,
Sommacampagna 2004

p. 283

Teapot Cartoon Car
2009

Vetro in pasta a murrine, soffiato
e lavorato a mano volante,
materiale plastico / Free-hand
blown and worked glass,
"granulare murrine" technique,
plastic
21 × 30,5 × 17 cm

Realizzato presso lo studio
dell'artista / Made in the
artist's studio, Whidbey Island,
Washington, USA

Opera unica / Unique piece
Firma / Signature "2009 /
Marquis"

Collezioni / Collections
L'artista / The artist; Caterina
Tognon Arte Contemporanea,
Venezia / Venice; Serena Coloni,
Piacenza

p. 287

PAOLO MARTINUZZI

(Venezia / Venice, ITA, 1933-2010)

Senza titolo / Untitled
1975-1980

Vetro trasparente soffiato e
lavorato a mano volante in
fornace muranese, incisione
a punta di diamante, base
realizzata con vecchi stampi
in legno per la soffiatura /
Transparent glass free-hand
blown and worked in a furnace
on Murano, diamond point
engraving, base made with used
wooden blow molds
16 × 21 × 20 cm

Incisione realizzata presso lo
studio dell'artista / Engraving
made in the artist's studio,
Murano, ITA

Opera unica / Unique piece
Firma incisa / Engraved signature
"Paolo Martinuzzi"

Collezioni / Collections
L'artista / The artist; D'Arte &
Divetro di Caterina Tognon,
Bergamo; Serena Coloni,
Piacenza

p. 179

Senza titolo / Untitled
1994

Blocco di cristallo ottico,
superficie molata, incisione
a punta di diamante / Optical
solid crystal, polished surface,
diamond point engraving
50 × 15,5 × 6 cm

Cristallo realizzato presso /
Cristyal made by Corning, FRA
Incisione realizzata presso lo
studio dell'artista / Engraving
made in the artist's studio, Soest,
DEU

Opera unica / Unique piece
Firma incisa / Engraved signature
"Paolo Martinuzzi 1994"

Collezione / Collection
L'artista / The artist; D'Arte &
Divetro di Caterina Tognon,
Bergamo; Serena Coloni,
Piacenza

pp. 180-181

RICHARD MEITNER

(USA, 1949; vive e lavora a / lives
and works in Amsterdam, NLD)

And a Day!
1997

Vetro trasparente soffiato e
lavorato a lume, foglia d'oro e
decalcomanie applicate a caldo,
acqua e inchiostro (opera in due
parti) / Lamp blown and worked
transparent glass, gold leaf and
heat-applied decals, water, ink
(work in two parts)
59 × 63 × 24 cm

Meastro vetraio / Master
glassmaker Edwin Dieperink,
Amsterdam, NLD

Opera unica / Unique piece
Firma incisa / Engraved signature
"R. Meitner 97"

Collezioni / Collections
L'artista / The artist; D'Arte &
Divetro di Caterina Tognon,
Bergamo; Serena Coloni,
Piacenza

Bibliografia / Bibliography
The Glass Skin, Corning
Museum of Glass, Corning, N.Y.
- Kunstmuseum Düsseldorf,
Düsseldorf - Hokkaido Museum
of Modern Art, Sapporo 1998

p. 89

Senza titolo / Untitled
1999

Vetro trasparente soffiato
e lavorato a lume, smalti,
superficie graffiata / Lamp blown
and worked transparent glass,
enamels, scratched surface
h 64,3 cm; Ø 13 cm

Maestro vetraio / Master
glassmaker Edwin Dieperink,
Amsterdam, NLD

Opera unica / Unique piece
Firma incisa / Engraved signature
"R. Meitner '99"

Collezioni / Collections
L'artista / The artist; D'Arte &
Divetro di Caterina Tognon,
Bergamo; Serena Coloni,
Piacenza

pp. 90-91

Mr. P.H. (Mister Potato Head)
2000

Vetro trasparente soffiato e lavorato a mano volante con elementi in vetro borosilicato soffiati a lume, smalti, ferro in soluzione liquida, agente ossidante / Free-hand blown and worked transparent glass, lamp blown elements in borosilicate glass, enamels, iron in liquid solution, oxidizing agent
46 × 20 × 14 cm

Maestro vetraio / Master glassmaker Edwin Dieperink, Amsterdam, NLD

Opera unica / Unique piece
Firma incisa / Engraved signature "R. Meitner 2000"

Collezioni / Collections
L'artista / The artist; D'Arte & Divetro di Caterina Tognon, Bergamo; Serena Coloni, Piacenza

Note / Notes
L'opera è stata esposta alla mostra / The work was presented in the exhibition *Richard Meitner. Vasi/ Monumenti*, Galleria D'Arte & Divetro, Bergamo, 2000.

p. 93

And the Air Rushing Past
2018

Vetroresina finita con polvere di vetro, mica, vernice poliuretanica ("terrazzo alla veneziana") / Fiberglass coated with glass powder, mica and polyurethane paint ("terrazzo alla veneziana")
36 × 29 × 10 cm

Realizzato presso lo studio dell'artista / Made in the artist's studio, Amsterdam, NLD

Opera unica / Unique piece
Non firmata / Unsigned

Collezioni / Collections
L'artista / The artist; Caterina Tognon Arte Contemporanea, Venezia / Venice; Serena Coloni, Piacenza

Note / Notes
L'opera è stata esposta alla mostra / The work was presented in the exhibition *Richard Meitner. And the*

Air Rushing Past, Galleria Caterina Tognon Arte Contemporanea, Venezia / Venice 2018.

p. 95

RITSUE MISHIMA

(Kyoto, JPN, 1962; vive e lavora a Venezia / lives and works in Venice, ITA)

Nervatura
2002

Vetro trasparente soffiato e lavorato a mano volante / Free-hand blown and worked transparent glass
h 64 cm; Ø 22 cm

Maestro vetraio / Master glassmaker Andrea Zilio, Fornace Anfora, Murano, ITA

Opera unica / Unique piece
Firma incisa / Engraved signature "MISHIMA [ideogramma / ideogram] 2002"

Collezioni / Collections
L'artista / The artist; Studio Guenzani, Milano / Milan; Serena Coloni, Piacenza

p. 227

Occhi di drago
2002

Vetro trasparente soffiato e lavorato a mano volante / Free-hand blown and worked transparent glass
25 × 28 × 21 cm

Maestro vetraio / Master glassmaker Andrea Zilio, Fornace Anfora, Murano, ITA

Opera unica / Unique piece
Firma incisa / Engraved signature "MISHIMA [ideogramma / ideogram] 2002"

Collezioni / Collections
L'artista / The artist; Studio Guenzani, Milano / Milan; Serena Coloni, Piacenza

pp. 228-229

MASSIMO NORDIO

(Venezia / Venice, ITA, 1947; vive e lavora a Venezia / lives and works in Venice, ITA)

Eos & Gaia
2009

Vetro trasparente soffiato e lavorato a mano volante, inciso, superficie molata / Free-hand blown and worked transparent glass, carved, polished surface
Eos (vite / screw): h 55 cm; Ø 20,5 cm
Gaia (bullone / bolt): 40 × 19 × 21 cm

Maestro vetraio / Master glassmaker Andrea Zilio, Fornace Anfora, Murano, ITA

Opera unica / Unique piece
Firme incise / Engraved signatures "Massimo / Nordio / EOS 2 / 2009"; "Massimo / Nordio / GAIA 7 / 2009"

Collezioni / Collections
L'artista / The artist; Serena Coloni, Piacenza

pp. 204-205

YOICHI OHIRA

(Tokyo, JPN, 1946-2022)

Cappello rosso
1997

Vetro in pasta preparato a canne, soffiato e lavorato a mano volante, con inclusione di polvere vitrea, superficie molata (opera in due parti) / Free-hand blown and worked glass canes with glass powder inserts, polished surface (work in two parts)
h 20 cm; Ø 10,5 cm

Maestro vetraio / Master glassmaker Livio Serena, Fornace Anfora, Murano, ITA

Opera unica / Unique piece
Firma incisa / Engraved signature "Yoichi Ohira m° L. Serena 1/1 unico 1997 Murano"

Collezioni / Collections
L'artista / The artist; D'Arte & Divetro di Caterina Tognon, Bergamo; Serena Coloni, Piacenza

p. 197

Le onde
1997

Vetro in pasta preparato a canne, soffiato e lavorato a mano volante, con inclusione di polvere vitrea, superficie molata / Free-hand blown and worked glass canes with glass powder inserts, polished surface
h 16 cm; Ø 10,5 cm

Maestro vetraio / Master glassmaker Livio Serena, Fornace Anfora, Murano, ITA

Opera unica / Unique piece
Firma incisa / Engraved signature "Yoichi Ohira m° L. Serena 1/1 unico 1997 Murano"

Collezioni / Collections
L'artista / The artist; D'Arte & Divetro di Caterina Tognon, Bergamo; Serena Coloni, Piacenza

p. 199

Vaso Nefardite con germoglio
1997

Vetro opale soffiato e lavorato a mano volante (opera in due parti) / Free-hand blown and worked opal glass (work in two parts)
h 22,5 cm; Ø 11,8 cm

Maestro vetraio / Master glassmaker Livio Serena, Fornace Anfora, Murano, ITA

Opera unica / Unique piece
Firma incisa / Engraved signature "Yoichi Ohira m° L. Serena 1/1 Murano"

Collezioni / Collections
L'artista / The artist; D'Arte & Divetro di Caterina Tognon, Bergamo; Serena Coloni, Piacenza

p. 201

Finestre
1999

Vetro in pasta preparato a canne, soffiato e lavorato a mano volante, con inclusione di piccola murrina trasparente, superficie molata / Free-hand blown and worked glass canes with little transparent "murrina" insert, ground and polished surface
h 9 cm; Ø 14 cm

323

Maestro vetraio / Master glassmaker Livio Serena, Fornace Anfora, Murano, ITA

Opera unica / Unique piece
Firma incisa / Engraved signature "Yoichi Ohira m° L. Serena p. unico 1999 Murano"

Collezioni / Collections
L'artista / The artist; D'Arte & Divetro di Caterina Tognon, Bergamo; Serena Coloni, Piacenza

p. 203

ICO PARISI

(Palermo, ITA, 1916 - Como, ITA, 1966)

Vetro crudele
1964

Vetro trasparente colato su stampo metallico, ferro / Transparent glass hand cast in a metal mold, iron
h 22 cm; Ø 30 cm

Maestro vetraio / Master glassmaker Pino Signoretto, Murano, ITA

Edizione in 5 esemplari / Edition of 5 copies
Firma incisa / Engraved signature "Ico-5/5"

Collezioni / Collections
Galleria Enrico Camponi, Roma / Rome; D'Arte & Divetro di Caterina Tognon, Bergamo; Serena Coloni, Piacenza

Bibliografia / Bibliography
Ico Parisi, a cura di / edited by Luigi Cavadini, Flaminio Gualdoni, Fidia edizioni d'arte, Lugano 1991

Note / Notes
L'artista, con un'operazione di grande avanguardia creativa, combina il vetro con oggetti di uso comune; in questo caso con una tenaglia ma anche con una forchetta, un falcetto, chiodi e cavatappi. / With a highly avant-garde creative operation, the artist combines glass with objects in common use; in this case with a pair of pincers, but also with a fork, a sickle, nails and corkscrew.

p. 143

GAETANO PESCE

(La Spezia, ITA, 1939; vive e lavora a / lives and works in New York, USA)

Este
1988-1992

"Plage": polvere vitrea termoformata su stampo in vetroresina / "Plage": glass powder, kilnformed in a fiberglass mold
h 6 cm; Ø 52 cm

Realizzato presso / Made at Cirva, Marsiglia / Marseille, FRA

Opera unica / Unique piece
Firma incisa / Engraved signature "Gaetano Pesce Cirva 1988-1992"

Collezioni / Collections
L'artista / The artist; D'Arte & Divetro di Caterina Tognon, Bergamo; Serena Coloni, Piacenza

pp. 108-109

Sans titre
1988-1992

"Mistral": polvere vitrea trasparente fusa, "sparata" tramite ugello ad aria compressa su stampo in vetroresina; piombo (opera in cinque parti) / "Mistral": transparent fused powder glass, "shot" by means of a compressed air nozzle on a fiberglass mold; lead (work in five parts)
24 × 32 × 34 cm

Realizzato presso / Made at Cirva, Marsiglia / Marseille, FRA

Opera unica / Unique piece
Firma incisa / Engraved signature "Gaetano Pesce Cirva 1988-1992"

Collezioni / Collections
L'artista / The artist; D'Arte & Divetro di Caterina Tognon, Bergamo; Serena Coloni, Piacenza

Bibliografia / Bibliography
Gaetano Pesce. Murano. Cinque tecniche per il vetro, a cura di / edited by Sara Corda, Grenzi, Foggia 2017

pp. 104-105

Sans titre, n. 1
1988-1992

"Mistral": polvere vitrea trasparente fusa, "sparata" tramite ugello ad aria compressa su stampo in vetroresina; piombo / "Mistral": transparent fused powder glass, "shot" by means of a compressed air nozzle on a fiberglass mold; lead
18 × 31,5 × 18 cm

Realizzato presso / Made at Cirva, Marsiglia / Marseille, FRA

Opera unica / Unique piece
Firma incisa / Engraved signature "Gaetano Pesce Cirva 1988-1992"

Collezioni / Collections
L'artista / The artist; D'Arte & Divetro di Caterina Tognon, Bergamo; Serena Coloni, Piacenza

Bibliografia / Bibliography
Gaetano Pesce. Cinq techniques pour le verre. Expérience au C.I.R.V.A., Musées de Marseille, Marseille - Réunion des musées nationaux, Paris 1992

pp. 106-107

L'Hollandaise, n. 115
1989

"Vieux Port": vetro in lastra, tagliato, termocollato e termo-formato su stampo in vetroresina (opera in tre parti) / "Vieux Port": cut, heat-sealed and kilnformed sheet glass in a fiberglass mold (work in three parts)
40 × 49 × 50 cm

Realizzato presso / Made at Cirva, Marsiglia / Marseille, FRA

Opera unica / Unique piece
Firma incisa / Engraved signature "Gaetano Pesce Cirva 1989"

Collezioni / Collections
L'artista / The artist; D'Arte & Divetro di Caterina Tognon, Bergamo; Serena Coloni, Piacenza

Bibliografia / Bibliography
Gaetano Pesce. Murano. Cinque tecniche per il vetro, a cura di / edited by Sara Corda, Grenzi, Foggia 2017

pp. 102-103

324

CAROLE PILON

(Montréal, CAN, 1956)

Traces d'étoiles (Star traces)
1999
Dalla serie / From the series
Ephemeral Vegetation

Pâte de verre, cartapesta, filo metallico, pigmenti / Pâte de verre, paper pulp, metal wire, pigments
18 × 120 × 11 cm

Realizzato presso lo studio dell'artista / Made in the artist's studio, Montréal, CAN

Opera unica / Unique piece
Non firmata / Unsigned

Collezioni / Collections
L'artista / The artist; D'Arte & Divetro di Caterina Tognon, Bergamo; Serena Coloni, Piacenza

pp. 258-259

GIÒ POMODORO

(Orciano di Pesaro, ITA, 1930 - Milano, ITA, 2002)

Senza titolo / Untitled
1982

Vetro trasparente soffiato e lavorato a mano volante / Free-hand blown and worked transparent glass
Esemplare / Copy 6/6: h 19,5; Ø 13 cm
Esemplare / Copy 6/8: h 18; Ø 15 cm

Realizzato presso fornace a / Made at a glassworks in Murano, ITA

Firme incise / Engraved signatures "Giò Pomodoro '82-6/8"; "Giò Pomodoro '82-6/6"

Collezioni / Collections
L'artista / The artist; Serena Coloni, Piacenza

pp. 152-153

EZIO RIZZETTO

(Mogliano Veneto, ITA, 1917 - Venezia / Venice, ITA, 1997)

Senza titolo / Untitled
1955

Vetro in pasta soffiato e lavorato a mano volante / Free-hand blown and worked vitreous paste
35 × 20 × 13 cm

Realizzato presso / Made at Vetreria Ferro & Lazzarini, Murano, ITA

Opera unica / Unique piece
Non firmata / Unsigned

Collezioni / Collections
Serena Coloni, Piacenza

p. 145

MARIA GRAZIA ROSIN

(Cortina d'Ampezzo, ITA, 1958; vive e lavora a Venezia / lives and works in Venice, ITA)

Venussiano
1998

Vetro trasparente e in pasta soffiato e lavorato a mano volante (opera in due parti) / Free-hand blown and worked transparent and opaque glass (work in two parts)
42 × 58 × 15 cm

Maestro vetraio / Master glassmaker Pino Signoretto, Murano ITA

Opera unica / Unique piece
Firma incisa / Engraved signature "Maria Grazia Rosin Venussiano 1998"

Collezioni / Collections
L'artista / The artist; D'Arte & Divetro di Caterina Tognon, Bergamo; Serena Coloni, Piacenza

Bibliografia / Bibliography
Strano ma vetro. Maria Grazia Rosin, a cura di / edited by Attilia Dorigato, Silvana, Cinisello Balsamo 2000

pp. 218-219

Folpo
2000

Vetro in pasta soffiato e lavorato a mano volante (scultura luminosa in nove parti) / Free-

hand blown and worked vitreous paste (light sculpture in nine parts)
h 100 cm; Ø 90 cm

Maestro vetraio / Master glassmaker Pino Signoretto, Murano, ITA

Opera unica / Unique piece
Non firmata / Unsigned

Collezioni / Collections
L'artista / The artist; D'Arte & Divetro di Caterina Tognon, Bergamo; Serena Coloni, Piacenza

Bibliografia / Bibliography
Strano ma vetro. Maria Grazia Rosin, a cura di / edited by Attilia Dorigato, Silvana, Cinisello Balsamo 2000

p. 221

Venussiani volanti
2006

Vetro in pasta soffiato e lavorato a mano volante, LED e fibra ottica, elementi in acetato; vetro trasparente e in pasta soffiato e lavorato a mano volante (ciascuno dei due elementi in tre parti) / Free-hand blown and worked vitreous paste, LED and optic fiber, acetate elements; free-hand blown and worked transparent and opaque glass (each of the two elements in three parts)
Venussiano: 60 × 36 × 14 cm
Venussino: 60 × 32 × 14 cm

Maestro vetraio / Master glassmaker Silvano Signoretto, Murano, ITA

Opera unica / Unique piece
Non firmata / Unsigned

Collezioni / Collections
L'artista / The artist; Caterina Tognon Arte Contemporanea, Venezia / Venice; Serena Coloni, Piacenza

Bibliografia / Bibliography
Maria Grazia Rosin. Gelatine lux, Il Poligrafo, Padova / Padua 2007

p. 223

Grande kela
2007

325

Vetro in pasta soffiato e lavorato a mano volante, LED e fibra ottica, elementi in acetato; vetro trasparente e in pasta soffiato e lavorato a mano volante (opera in tre parti) / Free-hand blown and worked vitreous paste, LED and optic fiber, acetate elements; free-hand blown and worked transparent and opaque glass (work in three parts)
131 × 35 × 20 cm

Maestro vetraio / Master glassmaker Sergio Tiozzo, Compagnia Vetraria Muranese, Murano, ITA

Opera unica / Unique piece
Non firmata / Unsigned

Collezioni / Collections
L'artista / The artist; Caterina Tognon Arte Contemporanea, Venezia / Venice; Serena Coloni, Piacenza

Bibliografia / Bibliography
Maria Grazia Rosin. Gelatine lux, Il Poligrafo, Padova / Padua 2007

p. 223

RENÉ ROUBÍČEK
(Praga / Prague, CZE, 1922-2018)

Masivní Plastika
1964

Vetro trasparente soffiato e lavorato a mano volante / Free-hand blown and worked transparent glass
42,5 × 33 × 17 cm

Maestro vetraio / Master glassmaker Josef Rozinek, Nový Bor, CZE

Opera unica / Unique piece
Firma incisa / Engraved signature "Roubíček '64"

Collezioni / Collections
L'artista / The artist; Caterina Tognon Arte Contemporanea, Venezia / Venice; Serena Coloni, Piacenza

p. 47

MILUŠE ROUBÍČKOVÁ
(Praga / Prague, CZE, 1922 - Kamenický Šenov, CZE, 2015)

Senza titolo / Untitled
1987
Dalla serie / From the series
Křoví

Vetro trasparente e in pasta soffiato e lavorato a mano volante / Free-hand blown and worked transparent and opaque glass
28 × 22 × 23 cm

Maestro vetraio / Master glassmaker Petr Novotný, fornace Ajeto / Ajeto glassworks, Nový Bor, CZE

Opera unica / Unique piece
Firma incisa / Engraved signature "MR1987"

Collezioni / Collections
L'artista / The artist; Caterina Tognon Arte Contemporanea, Venezia / Venice; Serena Coloni, Piacenza

Bibliografia / Bibliography
Sklo / Glass: Miluše Roubíčková, René Roubíček, The Studio Glass Gallery, London 1999

p. 49

GIZELA ŠABÓKOVÁ

(Nové Zámky, CZE, 1952; vive e lavora a / lives and works in Zlatá, CZE)

Blue Torso
2000

Vetro trasparente fuso in stampo aperto, superficie intagliata, granito (opera in due parti) / Transparent cast glass, carved surface, granite (work in two parts)
85 × 40 × 34 cm

Realizzato presso lo studio dell'artista / Made in the artist's studio, Zlatá, CZE

Opera unica / Unique piece
Firma incisa / Engraved signature "Šabóková 2000"

Collezioni / Collections
L'artista / The artist; D'Arte & Divetro di Caterina Tognon, Bergamo; Serena Coloni, Piacenza

p. 43

FILOMENA SAMMARTINI LOPEZ Y ROYO

(Orzes, ITA, 1908 - Verona, ITA, 2005)

I fiori di donna Lopez
1995

"Conterie", fil di ferro, filo di seta (opera in trenta parti) / "Conterie", iron thread and silk thread (work in thirty parts)
Dimensioni ambientali / Environmental dimensions

Realizzato presso lo studio dell'artista, Venezia / Made in the artist's studio, Venice, ITA

Opera unica / Unique piece
Non firmata / Unsigned

Collezioni / Collections
L'artista / The artist; D'Arte & Divetro di Caterina Tognon, Bergamo; Serena Coloni, Piacenza

pp. 132-133

LAURA DE SANTILLANA

(Venezia / Venice, ITA, 1955 - Monza, ITA, 2019)

Senza titolo / Untitled
2000

Vetro trasparente soffiato e lavorato a mano volante con la tecnica dell'incalmo, superficie molata / Free-hand blown and worked transparent glass with "incalmo" technique, polished surface
32 × 34 × 5 cm

Maestro vetraio / Master glassmaker Simone Cenedese, Murano, ITA

Opera unica / Unique piece
Firma incisa / Engraved signature "Laura Santillana 2000"

Collezioni / Collections
L'artista / The artist; Galleria Marina Barovier, Venezia / Venice; Serena Coloni, Piacenza

p. 207

Senza titolo / Untitled
2000

Vetro trasparente soffiato e lavorato a mano volante con la tecnica dell'incalmo, superficie molata / Free-hand blown and worked transparent glass with "incalmo" technique, ground surface
42 × 28 × 5 cm

Maestro vetraio / Master glassmaker Simone Cenedese, Murano, ITA

Opera unica / Unique piece
Firma incisa / Engraved signature "Laura Santillana 2000"

Collezioni / Collections
L'artista / The artist; Galleria Marina Barovier, Venezia / Venice; Serena Coloni, Piacenza

p. 209

Piuma
2007

Vetro trasparente soffiato e lavorato a mano volante, foglia d'oro, bronzo e cera / Free-hand blown and worked transparent glass, gold leaf, cast bronze and wax
47 × 15 × 6 cm ciascuno dei tre elementi / each of the three elements

Maestro vetraio / Master glassmaker Simone Cenedese, Murano, ITA

Opera unica / Unique piece
Firma incisa / Engraved signature "Laura De Santillana 2007"

Collezioni / Collections
L'artista / The artist; Galleria Marina Barovier, Venezia / Venice; Serena Coloni, Piacenza

pp. 210-211

Opal 1
2013

Vetro in pasta soffiato e lavorato a mano volante, riportato a temperatura e deformato a caldo / Free-hand blown and worked vitreous paste, kilnformed
71 × 45 × 19 cm

Maestri vetrai / Master glassmakers Petr Novotný, fornace Ajeto / Ajeto glassworks, Nový Bor, CZE e / and Jaroslav Svacha, TGK – Technika, sklo a umění, Skalice u České Lípy, CZE

Opera unica / Unique piece
Non firmata / Unsigned

Collezioni / Collections
L'artista / The artist; Caterina Tognon Arte Contemporanea, Venezia / Venice; Serena Coloni, Piacenza

Bibliografia / Bibliography
I Santillana. Opere di Laura de Santillana e Alessandro Diaz de Santillana, Skira, Milano / Milan 2014

p. 213

DANIELA SCHÖNBÄCHLER

(Zug, CHE, 1968; vive e lavora a Londra / lives and works in London, GBR)

Anima
1998

Vetro trasparente massiccio modellato a freddo, grafite / Sculpted transparent solid glass, graphite
16 × 53 × 22 cm

Realizzato presso lo studio Vistosi / Made at the Vistosi studio, Murano, ITA

Opera unica / Unique piece
Firma incisa / Engraved signature "Daniela Schönbächler 1998"

Collezioni / Collections
L'artista / The artist; Galleria Marina Barovier, Venezia / Venice; Serena Coloni, Piacenza

Bibliografia / Bibliography
Daniela Schönbächler, BDN Consulting, Zug 2004

pp. 100-101

BOŘEK ŠÍPEK

(Praga / Prague, CZE, 1949-2016)

Czech Vase
1988
Dalla serie / From the series
Vase Vasa Vasi – Seven Vases for Seven Countries

Vetro trasparente soffiato e lavorato a mano volante,

superficie incisa / Free-hand blown and worked transparent glass, engraved surface
h 63 cm; Ø 23 cm

Maestro vetraio / Master glassmaker Petr Novotný, fornace Ajeto / Ajeto glassworks, Nový Bor, CZE

Edizione in 20 esemplari e una prova d'artista / Edition of 20 copies and an artist's proof
Firma incisa / Engraved signature "Bořek Šípek 9/21"

Collezioni / Collections
Steltman Galleries, Amsterdam; D'Arte & Divetro di Caterina Tognon, Bergamo; Serena Coloni, Piacenza

Bibliografia / Bibliography
Bořek Šípek: The Nearness of Far; Architecture and Design, Steltman, Amsterdam 1993

p. 51

Egypt Vase
1988
Dalla serie / From the series
Vase Vasa Vasi – Seven Vases for Seven Countries

Vetro trasparente soffiato e lavorato a mano volante, metallo / Free-hand blown and worked transparent glass, metal
h 87 cm; Ø 16 cm

Realizzato presso / Made at El Tahan Glass, Il Cairo / Cairo, EGY

Edizione in 20 esemplari e una prova d'artista / Edition of 20 copies and an artist's proof
Firma incisa / Engraved signature "Bořek Šípek 9/21"

Collezioni / Collections
Steltman Galleries, Amsterdam; D'Arte & Divetro di Caterina Tognon, Bergamo; Serena Coloni, Piacenza

Bibliografia / Bibliography
Bořek Šípek: The Nearness of Far; Architecture and Design, Steltman, Amsterdam 1993

p. 53

England Vase
1988
Dalla serie / From the series

Vase Vasa Vasi – Seven Vases for Seven Countries

Vetro trasparente soffiato e lavorato a mano volante (opera in due parti) / Free-hand blown and worked transparent glass (work in two parts)
h 53 cm; Ø 17 cm

Realizzato presso Charlie Meaker / Made at Charlie Meaker's, Londra / London, GBR

Edizione in 20 esemplari e una prova d'artista / Edition of 20 copies and an artist's proof
Firma incisa / Engraved signature "Bořek Šípek 9/21 1988"

Collezioni / Collections
Steltman Galleries, Amsterdam; D'Arte & Divetro di Caterina Tognon, Bergamo; Serena Coloni, Piacenza

Bibliografia / Bibliography
Bořek Šípek: The Nearness of Far; Architecture and Design, Steltman, Amsterdam 1993

p. 55

France Vase
1988
Dalla serie / From the series
Vase Vasa Vasi – Seven Vases for Seven Countries

Vetro trasparente soffiato e lavorato a mano volante / Free-hand blown and worked transparent glass
h 58 cm; Ø 32 cm

Realizzato presso / Made at Cirva, Marsiglia / Marseille, FRA

Edizione in 20 esemplari e una prova d'artista / Edition of 20 copies and an artist's proof
Firma incisa / Engraved signature "Bořek Šípek 9/21"

Collezioni / Collections
Steltman Galleries, Amsterdam; D'Arte & Divetro di Caterina Tognon, Bergamo; Serena Coloni, Piacenza

Bibliografia / Bibliography
Bořek Šípek: The Nearness of Far; Architecture and Design, Steltman, Amsterdam 1993

p. 57

India Vase
1988
Dalla serie / From the series
Vase Vasa Vasi – Seven Vases for Seven Countries

Vetro trasparente soffiato e lavorato a mano volante, ceramica (opera in diciassette parti) / Free-hand blown and worked transparent glass, ceramic (work in seventeen parts)
h 87 cm; Ø 20 cm

Realizzato presso / Made at Advance Glass Works, Firozabad, Uttar Pradesh, IND; Saraswati Ceramics & Art, Delhi, IND

Edizione in 20 esemplari e una prova d'artista / Edition of 20 copies and an artist's proof
Firma incisa / Engraved signature "Bořek Šípek 9/21"

Collezioni / Collections
Steltman Galleries, Amsterdam; D'Arte & Divetro di Caterina Tognon, Bergamo; Serena Coloni, Piacenza

Bibliografia / Bibliography
Bořek Šípek: The Nearness of Far; Architecture and Design, Steltman, Amsterdam 1993

p. 59

Japan Vase
1988
Dalla serie / From the series
Vase Vasa Vasi – Seven Vases for Seven Countries

Vetro trasparente soffiato e lavorato a mano volante, pietra / Free-hand blown and worked transparent glass, stone
h 40 cm; Ø 40 cm

Realizzato presso / Made at Sugahara Art Glass Corporation, Kujukuri, JPN

Edizione in 20 esemplari e una prova d'artista / Edition of 20 copies and an artist's proof
Firma incisa / Engraved signature "Bořek Šípek 9/21"

Collezioni / Collections
Steltman Galleries, Amsterdam; D'Arte & Divetro di Caterina Tognon, Bergamo; Serena Coloni, Piacenza

Bibliografia / Bibliography
Bořek Šípek: The Nearness of Far; Architecture and Design, Steltman, Amsterdam 1993

p. 61

Mexico Vase
1988
Dalla serie / From the series
Vase Vasa Vasi – Seven Vases for Seven Countries

Vetro trasparente soffiato e lavorato a mano volante, metallo / Free-hand blown and worked transparent glass, metal
h 58 cm; Ø 25 cm

Realizzato presso / Made at Feders Company, Città del Messico / Mexico City, MEX

Edizione in 20 esemplari e una prova d'artista / Edition of 20 copies and an artist's proof
Firma incisa / Engraved signature "Bořek Šípek 9/21"

Collezioni / Collections
Steltman Galleries, Amsterdam; D'Arte & Divetro di Caterina Tognon, Bergamo; Serena Coloni, Piacenza

Bibliografia / Bibliography
Bořek Šípek: The Nearness of Far; Architecture and Design, Steltman, Amsterdam 1993

p. 63

ETTORE SOTTSASS

(Innsbruck, AUT, 1917 - Milano / Milan, ITA, 2007)

Bum-Paz
1998
Dalla serie / From the series
Capricci

Vetro trasparente e in pasta soffiato e lavorato a mano volante, acciaio / Free-hand blown and worked transparent and opaque glass, steel
h 87 cm; Ø 32 cm

Realizzato presso / Made at Fornace Cenedese, Murano, ITA

Edizione in 7 esemplari / Edition of 7 copies
Firma incisa / Engraved signature "Ettore Sottsass"

328

Collezioni / Collections
Galleria Marina Barovier, Venezia / Venice & Galerie Bruno Bischofberger, Zurigo / Zürich; Serena Coloni, Piacenza

Bibliografia / Bibliography
Marino Barovier, *Il vetro a Venezia dal moderno al contemporaneo*, Federico Motta, Milano / Milan 1999

p. 147

Tshe-Dbang
1998
Dalla serie / From the series
Capricci

Vetro trasparente e in pasta soffiato e lavorato a mano volante, acciaio / Free-hand blown and worked transparent and opaque glass, steel
h 90 cm; Ø 32 cm

Realizzato presso / Made at Fornace Cenedese, Murano, ITA

Edizione in 7 esemplari / Edition of 7 copies
Firma incisa / Engraved signature "Ettore Sottsass"

Collezioni / Collections
Galleria Marina Barovier, Venezia & Galerie Bruno Bischofberger, Zurigo / Zürich; Serena Coloni, Piacenza

p. 149

JANA STERBAK

(Praga / Prague, CZE, 1955; vive e lavora tra Parigi, FRA e Toronto, CAN / lives and works in Paris, FRA and Toronto, CAN)

Portrait Olfactif
2004
Dalla serie omonima / From the series of the same name, 1992-2004

Vetro trasparente soffiato e lavorato a mano volante, pietra levigata (opera in due parti) / Free-hand blown and worked transparent glass, polished stone (work in two parts)
15,5 × 28 × 17 cm

Realizzato presso / Made at Cirva, Marsiglia / Marseille, FRA

Opera unica / Unique piece
Non firmata / Unsigned

Collezioni / Collections
Cirva, Marsiglia / Marseille; Caterina Tognon Arte Contemporanea, Venezia / Venice; Serena Coloni, Piacenza

Bibliografia / Bibliography
L'artiste, l'atelier, le verre, Barral, Paris 2007

p. 69

LILLA TABASSO

(Milano / Milan, ITA, 1973; vive e lavora a Milano / lives and works in Milan, ITA)

Alchechengi
2017

Vetro di Murano soffiato e lavorato a lume (opera in quattro parti) / Lamp blown and worked Murano glass (work in four parts)
h 33 cm; Ø 30,5 cm

Realizzato presso lo studio dell'artista / Made in the artist's studio, Milano / Milan, ITA

Opera unica / Unique piece
Non firmata / Unsigned

Collezioni / Collections
L'artista / The artist; Maddalena Tabasso Antichità, Milano / Milan; Serena Coloni, Piacenza

p. 127

Papaveri
2017

Vetro di Murano soffiato e lavorato a lume (opera in nove parti) / Lamp blown and worked Murano glass (work in nine parts)
h 18,5 cm; Ø 8,8 cm

Realizzato presso lo studio dell'artista / Made in the artist's studio, Milano / Milan, ITA

Opera unica / Unique piece
Non firmata / Unsigned

Collezioni / Collections
L'artista / The artist; Caterina Tognon Arte Contemporanea, Venezia / Venice; Serena Coloni, Piacenza

Bibliografia / Bibliography
Murano oggi. Emozioni di vetro,
a cura di / edited by Gabriella
Belli e / and Chiara Squarcina,
Magonza, Arezzo 2017

p. 129

LINO TAGLIAPIETRA

(Murano, ITA, 1934; vive e lavora a /
lives and works in Murano, ITA)

Saturno
1992

Vetro trasparente e a canne
soffiato e lavorato a mano
volante, superficie parzialmente
molata / Free-hand blown and
worked transparent and "a
canne" glass, partly ground
surface
h 14 cm; Ø 36 cm

Realizzato presso lo studio
dell'artista / Made in the artist's
studio, Murano, ITA

Opera unica / Unique piece
Firma incisa / Engraved signature
"Lino Tagliapietra '92"

Collezioni / Collections
L'artista / The artist; D'Arte
& Divetro di Caterina Tognon,
Bergamo; Serena Coloni,
Piacenza

pp. 154-155

Senza titolo / Untitled
1994

Vetro trasparente e a canne
soffiato e lavorato a mano
volante / Free-hand blown and
worked transparent and "a
canne" glass
30 × 23 × 12 cm

Realizzato presso lo studio
dell'artista / Made in the artist's
studio, Murano, ITA

Opera unica / Unique piece
Firma incisa / Engraved signature
"Lino Tagliapietra '94"

Collezioni / Collections
L'artista / The artist; Galleria
Marina Barovier, Venezia /
Venice; Serena Coloni, Piacenza

p. 157

Tessuto
1994

Vetro trasparente e a canne
soffiato e lavorato a mano
volante / Free-hand blown and
worked transparent and "a
canne" glass
39,5 × 24 × 18 cm

Realizzato presso lo studio
dell'artista / Made in the artist's
studio, Murano, ITA

Opera unica / Unique piece
Firma incisa / Engraved signature
"Lino Tagliapietra"

Collezioni / Collections
L'artista / The artist; D'Arte &
Divetro di Caterina Tognon,
Bergamo; Serena Coloni,
Piacenza

p. 159

Senza titolo / Untitled
1995

Vetro trasparente e a canne
soffiato e lavorato a mano
volante / Free-hand blown and
worked transparent and "a
canne" glass
47 × 17 × 8 cm

Realizzato presso lo studio
dell'artista / Made in the artist's
studio, Murano, ITA

Opera unica / Unique piece
Firma incisa / Engraved signature
"Lino Tagliapietra"

Collezioni / Collections
L'artista / The artist; Galleria
Marina Barovier, Venezia /
Venice; Serena Coloni, Piacenza

p. 161

Tessuto
1995

Vetro trasparente e a canne
soffiato e lavorato a mano
volante / Free-hand blown and
worked transparent and "a
canne" glass
40 × 22 × 17 cm

Realizzato presso lo studio
dell'artista / Made in the artist's
studio, Murano, ITA

Opera unica / Unique piece

Firma incisa / Engraved signature
"Lino Tagliapietra"

Collezioni / Collections
L'artista / The artist; Galleria
Marina Barovier, Venezia /
Venice; Serena Coloni, Piacenza

p. 163

Batman
1998

Vetro trasparente e a canne
soffiato e lavorato a mano
volante, superficie molata /
Free-hand blown and worked
transparent and "a canne" glass,
carved surface
19 × 51 × 8 cm

Realizzato presso lo studio
dell'artista / Made in the artist's
studio, Murano, ITA

Opera unica / Unique piece
Firma incisa / Engraved signature
"Lino Tagliapietra 1998"

Collezioni / Collections
L'artista / The artist; Galleria
Marina Barovier, Venezia /
Venice; Serena Coloni, Piacenza

pp. 164-165

Senza titolo / Untitled
1998

Vetro trasparente e a canne
soffiato e lavorato a mano
volante, superficie parzialmente
molata / Free-hand blown and
worked transparent and "a
canne" glass, partly carved
surface
h 36 cm; Ø 20 cm

Realizzato presso lo studio
dell'artista / Made in the artist's
studio, Murano, ITA

Opera unica / Unique piece
Firma incisa / Engraved signature
"L. Tagliapietra 1998"

Collezioni / Collections
L'artista / The artist; Galleria
Marina Barovier, Venezia /
Venice; Serena Coloni, Piacenza

p. 167

Senza titolo / Untitled
1998

Vetro in pasta e a murrine soffiato
e lavorato a mano volante,
superficie molata / Free-hand
blown and worked vitreous paste
and "a murrine" glass, carved
surface
25 × 24 × 15 cm

Realizzato presso lo studio
dell'artista / Made in the artist's
studio, Murano, ITA

Opera unica / Unique piece
Firma incisa / Engraved signature
"L. Tagliapietra 98's"

Collezioni / Collections
L'artista / The artist; Galleria
Marina Barovier, Venezia /
Venice; Serena Coloni, Piacenza

p. 169

Sasso di Marsiglia
Fine anni 1990 / Late 1990s

Vetro trasparente soffiato
e lavorato a mano volante,
decorazione a smalto con tecnica
"Graal" / Free-hand blown and
worked transparent glass,
enamels with "Graal" technique
27 × 31 × 9 cm

Realizzato presso lo studio
dell'artista / Made in the artist's
studio, Murano, ITA

Opera unica / Unique piece
Firma incisa / Engraved signature
"Lino Tagliapietra"

Collezioni / Collections
L'artista / The artist; D'Arte
& Divetro di Caterina Tognon,
Bergamo; Serena Coloni,
Piacenza

p. 175

Flying Boats
2004

Vetro a canne e murrine soffiato
e lavorato a mano volante,
superficie molata / Free-hand
blown and worked "a canne" and
"a murrine" glass, carved surface
Barca blu / Blue boat:
23 × 165,5 × 14 cm
Barca gialla / Yellow boat:
16 × 165 × 13 cm

Realizzato presso lo studio
dell'artista / Made in the artist's
studio, Murano, ITA

Opera unica / Unique piece
Non firmata / Unsigned

Collezioni / Collections
L'artista / The artist; Galleria
Marina Barovier, Venezia /
Venice; Serena Coloni, Piacenza

pp. 170-171

Stromboli
2004

Vetro in pasta e a murrine soffiato
e lavorato a mano volante,
superficie molata / Free-hand
blown and worked vitreous paste
and "a murrine" glass, carved
surface
44 × 21 × 17 cm

Realizzato presso lo studio
dell'artista / Made in the artist's
studio, Murano, ITA

Opera unica / Unique piece
Firma incisa / Engraved signature
"Lino Tagliapietra 2004"

Collezioni / Collections
L'artista / The artist; Galleria
Marina Barovier, Venezia /
Venice; Serena Coloni, Piacenza

p. 173

CLAUDIO TIOZZO

(Venezia / Venice, ITA, 1971; vive
e lavora a Venezia / lives and works
in Venice, ITA)

Superfici nascoste
1998

Fusione di vetro in pasta,
superficie molata / Fused
vitreous paste, carved surface
h 13 cm; Ø 27 cm

Realizzato presso lo studio
dell'artista / Made in the artist's
studio, Murano, ITA

Opera unica / Unique piece
Firma incisa / Engraved signature
"Claudio Tiozzo Murano 98"

Collezioni / Collections
L'artista / The artist; D'Arte
& Divetro di Caterina Tognon,
Bergamo; Serena Coloni, Piacenza

p. 249

BERTIL VALLIEN

(Sollentuna, SWE, 1938; vive e
lavora in Svezia / lives and works in
Sweden)

Senza titolo / Untitled
1996

Vetro trasparente e in pasta
colato in stampo di sabbia /
Sandcast trasparent and opaque
glass
9 × 58 × 9 cm

Opera unica / Unique piece
Firma incisa / Engraved signature
"Bertil Vallien"

Collezioni / Collections
L'artista / The artist; Galleria
Marina Barovier, Venezia /
Venice; Serena Coloni, Piacenza

pp. 98-99

LUCIANO VISTOSI

(Murano, ITA, 1931 - Venezia /
Venice, ITA, 2010)

Senza titolo / Untitled
1970-1985

Vetro trasparente massiccio
modellato e levigato a freddo /
Sculpted transparent
solid glass modeled and
polished cold
50 × 50 × 50 cm; con la base
rotante / with rotating base
62 × 50 × 50 cm

Realizzato presso lo studio
dell'artista / Made in the artist's
studio, Murano, ITA

Opera unica / Unique piece
Non firmata / Unsigned

Collezioni / Collections
L'artista / The artist; Serena
Coloni, Piacenza

p. 177

TONI ZUCCHERI

(San Vito al Tagliamento, ITA,
1936-2008)

Upupa
1964

Vetro soffiato a mano volante,
bronzo fuso a cera persa /

Free-hand blown glass, lost wax
fused bronze
40 × 46 × 42 cm

Realizzato presso / Made at
Venini, Murano, ITA

Primo prototipo dell'artista
eseguito in / First prototype
by the artist made at Venini,
Murano, ITA
Firma incisa / Engraved signature
"TZ"

Collezioni / Collections
L'artista / The artist; D'Arte
& Divetro di Caterina Tognon,
Bergamo; Serena Coloni,
Piacenza

Bibliografia / Bibliography
*Il bestiario di Murano. Sculture in
vetro dal 1928 al 1965*, a cura di /
edited by Marina Barovier, Attilia
Dorigato, Canal & Stamperia,
Venezia / Venice 1996
*Toni Zuccheri. Poeta della natura
e del vetro*, a cura di / edited by
Rosa Chiesa, Sandro Pezzoli,
Marsilio, Venezia / Venice 2019
Toni Zuccheri alla Venini, a cura di
Marino Barovier, Carla Sonego,
Skira, Milano / Milan 2021

p. 183

Senza titolo / Untitled
1966
Dalla serie / From the series
Vasi scolpiti

Vetro trasparente e in pasta
soffiato e lavorato a mano
volante / Free-hand blown and
worked transparent and opaque
glass
19 × 17 × 7 cm

Realizzato presso / Made at
Venini, Murano, ITA

Produzione Venini a partire
dal 1966 / Produced by Venini
starting in 1966
Firma incisa / Engraved signature
"T Zuccheri Venini Italia"

Collezioni / Collections
Caterina Tognon Arte
Contemporanea, Venezia /
Venice; Serena Coloni, Piacenza

Bibliografia / Bibliography
*Toni Zuccheri. Poeta della
natura e del vetro*, a cura di /
edited by Rosa Chiesa, Sandro
Pezzoli, Marsilio, Venezia /

Venice 2019
Toni Zuccheri alla Venini,
a cura di Marino Barovier,
Carla Sonego, Skira, Milano /
Milan 2021

Note / Notes
L'opera è stata esposta alla
/ The work was presented at
the 34. Esposizione Biennale
Internazionale d'Arte, Venezia /
Venice, 1968.

p. 189

Gabbietta
1986

Vetro in pasta e a canne,
soffiato e lavorato a mano
volante, legno, bronzo /
Free-hand blown and worked
vitreous paste and "a canne"
glass, wood, bronze
27,5 × 50 × 14,5 cm

Realizzato presso / Made at
Fornace De Majo, Murano, ITA

Prova d'artista / Artist's proof
Firma incisa / Engraved signature
"TZ 1986 VM100.7"

Collezioni / Collections
L'artista / The artist; D'Arte
& Divetro di Caterina Tognon,
Bergamo; Serena Coloni,
Piacenza

pp. 184-185

Senza titolo / Untitled
1989

"Cotisso"
12 × 15 × 21 cm

Realizzato presso lo studio
dell'artista / Made in the artist's
studio, San Vito al Tagliamento,
ITA

Opera unica / Unique piece
Non firmata / Unsigned

Collezioni / Collections
L'artista / The artist; D'Arte
& Divetro di Caterina Tognon,
Bergamo; Serena Coloni,
Piacenza

p. 182

Tronco trasparente
1989

Dalla serie / From the series
Il bosco

Vetro trasparente soffiato e
lavorato a mano volante con
inclusioni di rame e alluminio /
Free-hand blown and worked
transparent glass, with copper
and aluminum inserts
29 × 17 × 15 cm

Maestro vetraio / Master
glassmaker Vittorio Ferro,
Fornace De Majo, Murano, ITA

Prova d'artista / Artist's proof
Firma incisa / Engraved signature
"Toni Zuccheri for De Majo
Murano - p.a. 1989"

Collezioni / Collections
L'artista / The artist; D'Arte
& Divetro di Caterina Tognon,
Bergamo; Serena Coloni,
Piacenza

Bibliografia / Bibliography
*Toni Zuccheri: A Dialogue with
Light*, Reggiani, Milano / Milan -
New York 1990
*Toni Zuccheri. Poeta della
natura e del vetro*, a cura di /
edited by Rosa Chiesa,
Sandro Pezzoli, Marsilio, Venezia
/ Venice 2019

p. 191

Numina: Afrodite
1998

Vetro trasparente con foglia di
rame soffiato e lavorato a mano
volante / Free-hand blown and
worked transparent glass,
copper leaf
14 × 16 × 16 cm

Realizzato presso / Made at
Fornace Paolo Seguso, Murano,
ITA

Opera unica / Unique piece
Firma incisa / Engraved signature
"VT 380.3 TZ98"

Collezioni / Collections
L'artista / The artist; D'Arte
& Divetro di Caterina Tognon,
Bergamo; Serena Coloni,
Piacenza

p. 193

Numina: all'origine del vetro
1998

331

Vetro trasparente soffiato
e lavorato a mano volante,
terracotta / Free-hand blown
and worked transparent glass,
earthenware
43 × 24 × 22 cm

Realizzato presso lo studio
dell'artista / Made in the artist's
studio, San Vito al Tagliamento,
ITA

Opera unica / Unique piece
Non firmata / Unsigned

Collezioni / Collections
L'artista / The artist; D'Arte
& Divetro di Caterina Tognon,
Bergamo; Serena Coloni,
Piacenza

Note / Notes
L'opera è stata esposta alla mostra
/ The work was presented in the
exhibition *Numina: all'origine del
vetro*, Galleria D'Arte & Divetro,
Bergamo, 1998.

pp. 194-195

Porciglione
1998

Vetro trasparente soffiato e
lavorato a mano volante, bronzo
/ Free-hand blown and worked
transparent glass, bronze
24 × 10 × 25 cm

Realizzato presso / Made at
Fornace Paolo Seguso, Murano,
ITA

Opera unica / Unique piece
Firma incisa / Engraved signature
"TZ 98"

Collezioni / Collections
L'artista / The artist; Caterina
Tognon, Venezia / Venice

p. 186

Beccaccino
2000

Vetro trasparente soffiato e
lavorato a mano volante con
inclusione a caldo di foglia di
alluminio, bronzo / Free-hand
blown and worked transparent
glass, with hot inclusion of
aluminum leaf, bronze
24 × 35 × 15 cm

Realizzato presso / Made at

Fornace Paolo Seguso,
Murano, ITA

Opera unica / Unique piece
Firma incisa / Engraved
signature "TZ98"

Collezioni / Collections
L'artista / The artist; D'Arte &
Divetro di Caterina Tognon,
Bergamo; Serena Coloni,
Piacenza

p. 187 (destra / right)

Beccaccino
2000

Vetro trasparente soffiato
e lavorato a mano volante
con inserti a caldo di ottone,
bronzo / Free-hand blown and
worked transparent glass,
with hot inserts of brass,
bronze
22 × 12 × 34 cm

Realizzato presso / Made at
Fornace Paolo Seguso, Murano,
ITA

Opera unica / Unique piece
Firma incisa / Engraved
signature "TZ 2000"

Collezioni / Collections
L'artista / The artist; Caterina
Tognon, Venezia / Venice

p. 187 (sinistra / left)

Beccaccino
2000

Vetro trasparente soffiato e
lavorato a mano volante con
inserti a caldo di ottone, bronzo
/ Free-hand blown and worked
transparent glass, with hot
inserts of brass, bronze
20 × 12 × 32 cm

Realizzato presso / Made at
Fornace Paolo Seguso, Murano, ITA

Opera unica / Unique piece

Collezioni / Collections
L'artista / The artist; Caterina
Tognon, Venezia / Venice

p. 186

TOOTS ZYNSKY

(Boston, Massachusetts, USA,
1951; vive e lavora a / lives and
works in Providence, Rhode
Island, USA)

Waterspout VI
1979-1994

Vetro trasparente soffiato
e lavorato a mano volante /
Free-hand blown and worked
transparent glass
h 45 cm; Ø 23,7 cm

Realizzato dall'artista a / Made by
the artist in Seattle, Washington,
USA

Opera unica / Unique piece
Firma incisa / Engraved signature
"Toots Zynsky 1979/94 Seattle
Waterspout 6"

Collezioni / Collections
L'artista / The artist; D'Arte
& Divetro di Caterina Tognon,
Bergamo; Serena Coloni,
Piacenza

p. 289

Volta Cuore
1992

Vetro trasparente con polveri
metalliche soffiato e lavorato
a mano volante, superficie
molata / Free-hand
blown and worked transparent
glass, metal powders, carved
surface
33 × 29 × 18 cm

Maestro vetraio /
Master glassmaker Lino
Tagliapietra, Murano, ITA
Realizzato presso /
Made at EOS, Murano, ITA

Opera unica, prototipo /
Unique piece, prototype
Firma incisa / Engraved
signature "Toots Zynsky 08/10
EOS Murano 1992"

Collezioni / Collections
L'artista / The artist; D'Arte
& Divetro di Caterina Tognon,
Bergamo; Serena Coloni,
Piacenza

Bibliografia / Bibliography
Marino Barovier, *Il vetro
a Venezia dal moderno
al contemporaneo*,

Federico Motta, Milano /
Milan 1999

p. 291

Estate
1996
Dalla serie / From the series
Sala delle Stagioni Chaos

Filet de verre
33 × 53 × 40 cm

Realizzato presso lo studio
dell'artista / Made in the artist's
studio, Providence, Rhode Island,
USA

Opera unica / Unique piece
Firma / Signature "Z"

Collezioni / Collections
L'artista / The artist; D'Arte
& Divetro di Caterina Tognon,
Bergamo; Serena Coloni,
Piacenza

Bibliografia / Bibliography
*Venezia Aperto Vetro:
International New Glass*, a cura
di Attilia Dorigato, Dan Klein,
Arsenale, Venezia / Venice 1996

pp. 292-293

Mattino
1996
Dalla serie / From the series
Chaos

Filet de verre
12 × 22 × 15 cm

Realizzato presso lo studio
dell'artista / Made in the artist's
studio, Providence, Rhode Island,
USA

Opera unica / Unique piece
Firma / Signature "Z"

Collezioni / Collections
L'artista / The artist; D'Arte
& Divetro di Caterina Tognon,
Bergamo; Serena Coloni,
Piacenza

Note / Notes
L'opera è stata esposta alla mostra
/ The work was presented in the
exhibition *Vetri*, a cura di / curated
by Caterina Tognon, Caffè Florian,
Venezia / Venice, 1996.

pp. 294-295

Biscia
2001
Dalla serie / From the series
Chaos

Filet de verre
31 × 41 × 34 cm

Realizzato presso lo studio
dell'artista / Made in the artist's
studio, Providence, Rhode Island,
USA

Opera unica / Unique piece
Firma / Signature "Z"

Collezioni / Collections
L'artista / The artist; Braggiotti
Gallery, Amsterdam; D'Arte
& Divetro di Caterina Tognon,
Bergamo; Serena Coloni,
Piacenza

Note / Notes
L'opera è stata esposta alle mostre
/ The work was presented in the
exhibitions *Toots Zynsky*, Braggiotti
Gallery, Amsterdam, 2001 e / and
Forma&Colore. Toots Zynsky, a cura
di / curated by Caterina Tognon,
Museo Correr, Venezia / Venice, 2002.

p. 297

Muro
2001

Filet de verre
20 × 39 × 21,5 cm

Realizzato presso lo studio
dell'artista / Made in the artist's
studio, Providence, Rhode Island,
USA

Opera unica / Unique piece
Firma / Signature "Z"

Collezioni / Collections
L'artista / The artist; D'Arte
& Divetro di Caterina Tognon,
Bergamo; Serena Coloni,
Piacenza

pp. 298-299

Crollo
2008

Filet de verre
37 × 28 × 17 cm

Realizzato presso lo studio
dell'artista / Made in the artist's
studio, Providence, Rhode Island,
USA

Opera unica / Unique piece
Firma / Signature "Z"

Collezioni / Collections
L'artista / The artist; Caterina
Tognon Arte Contemporanea,
Venezia / Venice; Serena Coloni,
Piacenza

Note / Notes
L'opera è stata esposta alle mostre
/ The work was presented in the
exhibitions *Toots Zynsky. Ombre*,
Galleria Caterina Tognon Arte
Contemporanea, Venezia / Venice,
2008-2009 e / and *Toots Zynsky*,
a cura di / curated by Caterina
Tognon, Palazzo Loredan, Venezia /
Venice, 2014.

p. 301

Referenze fotografiche /
Photographic acknowledgements

Francesco Allegretto:
pp. 18, 22, 25 (fig. 16)
Gert von Bassewitz: p. 23
Marco Cappelletti, courtesy Michael
Werner Gallery: p. 2
Mario Cresci: p. 335
Marco Del Comune: p. 19
Virgilio Fidanza:
pp. 16 (fig. 2), 17, 21, 25 (fig. 15), 221
Roberto Marossi:
pp. 16 (fig. 1), 35-219, 223-307
Gabriel Urbánek: p. 20
Ron Zijlstra:
p. 24 (figg. / figs. 12-13)

© 2022 by Marsilio Editori® S.p.A.
in Venezia
prima edizione settembre 2022 /
first edition September 2022
isbn 979-12-5463-062-4
www.marsilioeditori.it

Fotolito / Color reproduction
Studio Pointer s.r.l.,
Mogliano Veneto (TV)

Stampa / Printed by
Grafiche Veneziane, Venezia
per conto di / for Marsilio Editori®
S.p.A. in Venezia